连老师的写作课

心中还有一支笔

连中国 著

中国人民大学出版社
·北京·

目　录

写作，生命中的发现：我们对写作的再认识

高考命题给予我们的启示

我们期待怎样的作文

写作，
生命中的发现：
我们对写作的
再认识

对"人"有内在而丰富的关注是打破中学写作困境的必要举措

——中学写作面临的主要困境与提升策略

写作简单说是一种技能,但写作并不仅仅只是一种技能。写作,关乎一个"人"重要而特殊的"内在"的成长与发育,是"人"隐性的重要价值的核心体现,是一个重要的人文意义上的"人"充分构建的过程。一个孩子,在基础教育阶段要做的,绝不仅仅是为将来的职业生涯做一种职前准备。人的充分发展,是教育的硬道理。良好的教育,将人内在而重要的价值呼唤、培育出来,是在"人"丰富的成长过程中,为其构建丰富而深广的内在世界。基础教育的核心是立"人",而非职业培训、技能培训。

重"技"则乏"人"。对"人"忽视、鄙视、无视，将写作简单孤立地锁定在应试得分技巧的狭小范畴，多少年在这个范畴里衍生筹措，无视完整意义的"人"的发展，这是教育之误；同时贻误了与"人"有着内在深广联系、须臾不可分离的写作的发展，这也是写作之误。而更需要我们明确的是：真实内在的写作，本身便构成了深入、鲜活、富有价值的教育。

中学写作面临的主要困境

目前，中学写作的主要困境，可以概括为两种状况与三个特征。

两种状况：其一，无能为力与摆脱干系；其二，有所讲求与收效不大。

其一，无能为力与摆脱干系。现实中，这主要表现在教师无为与学生自为两方面。一方面，写作教学很难建立起一套逻辑严密、逐层推进、为众人所普遍认同的能力推进体系。因此，一些老师常常因为教学上没有具体明确的操作流程，而将写作教学基本放弃。另一方面，写作教学对老师的进入度与创造力都提出了较高的要求，一些老师因为自身难以达到要求，也便自然放弃了。无能为力还表现为在现实的教学中，我们主要还是靠简单解说作文题、靠学生的例文维持写作教学。教师于此过程中，主要训诫学生在应试作文中所犯的错误，教学的侧重点不在触动与启发。当然，在现实教学中，还有一部分人认为写作是人的天赋，而天赋不可教。一些学生写得好，也完全是自己的事情，天赋使然。在教学过程中，在与学生相处的过程中，我们不可能不涉及教师对写作的理解与认知，这些都在"教学"中产生内在而深入的影响。学生于此过程中，逐渐形成自己的写作理念，并以此为指导形成自己的写作实践。再有就是一次次给出的分数，也都是我们鲜明而确切的写作态度，甚至是另一种意义上的写作教学。凡此种种，都是教师的"教"。同时，我们在阅读过程中，也不可能不触及作家与教师自己的写作观。一位教师想绝对除却自己对学生写作的影响，几乎是不可能的。对学生而言，写作是语文测评的大项目，分值不小，学生不可能像老师那样可以"置身事外"，所以，学生一直处在各种"应对"之中。得意与失意、彷徨与苦痛，都在学生自己的心头默默经历与完成着。

其二，有所讲求与收效不大。其间包括两个方面：一是讲表面化的方法，二是讲功效性不强的思维。讲表面化的方法，即重视表面化的、流行的、大众化的写作方法的传授，重视与分数提升相关联的写作方法的传授（获取高分的方法亦有层级，对更内在的获取高分的方法，我们的认知尚有很多不足）。其最主要的写作观就是为了获取高分，热衷于所谓一写就灵的写作模式，热衷于基于阅卷经验与阅卷秘籍而总结的方法，热衷于对流行的、时事性材料的直接使用。讲功效性不强的思维，关注到了思维在写作中的价值与作用，这自然是时代的重要进步。但思维的充分发展得益于并依托于诸多方面，对于语文学科而言，并非仅仅依托于基于一般社会认知经验与常识的思维导图，就能有效解决学生写作中思维展开不充分的问题。"语文课堂的人文思辨，就是强调师生不被天经地义的那些'人与社会'的既成性结论长久压制与困缚（当然，这种'压制'与'困缚'常常是不自觉的）；就是以'思辨'的方式，完成'人'内部世界的不断被打破；就是帮助人不断走出柏拉图所言的认知的'洞穴'，走出自身的局限；就是以不断自我更新否定的方式走向开放建构；就是由此而获得完整意义上的'人'的成长。"① 思维品质的提升并非一蹴而就之事，重要但被我们忽视的是，在思维突破的过程中，由于师生的积累狭窄、视野有限、认知判断事理的综合性素养弱，强调的思维往

---

①　连中国 . 语文思辨教学的人文指向：以思辨性阅读为例 . 语文建设，2018（1）.

往因为无必要充分的支撑，不能够在更内在的认知层次上、更宏阔的视野格局中运转，思维的突破常常收效不大，往往流于空泛。所谓的新思路，还是一些写作小技巧的花样翻新，而非学生认知上的新突破。

除了上述两种状况，中学写作面临的主要困境还有三个基本特征。①简单应试化倾向明显。②学生作文中有质量、有个性的作品少。原因是中规中矩，以求"保险"；还有就是长期以来简单直接的考场"应对"型作文的要求，扼杀了学生的能动性与创造力，包括丰沛敏感的感受力与自我的表现力。③对于高分考生的指导不够。我们的作文教学长期重复一些基本的写作常识，这些常识对于一些具有写作潜能、写作能力较强的学生而言，便是一种从小听到大、习以为常、似是而非的"老生常谈"，对他们内在的写作促进性意义并不大。

造成困境的主要原因

造成中学写作困境的直接原因，是我们在教学过程中，对学生的语言意识与语言素养缺乏重要的内在影响与建构。

语言是写作最直接的呈现与最重要的载体。从某种意义上说，一个人与语言的关系，大体便可以映照出他与写作之间的关系。我们对写作的亲近与理解，是从对语言的亲近与理解开始的。我们如若从这个角度出发，来探究与观测学生在他的成长过程中，是否能够与语言建立一种亲密的、特殊的、个人化的关系，答案基本是否定的。

《普通高中语文课程标准（2017年版）》一个核心的亮点是提出了语文四项核心素养：语言建构与运用、思维发展与提升、审美鉴赏与创造、文化传承与理解。[①] 正是在语言与思维、审美、文化发生内在自然深度的关系中——在内在真实的生命成长中——学生才会渐渐产生自己的语言信仰，真切而内在地理解语言与一个完整意义上的"人"紧密内在的关系。语言是一个"人"思想与精神的疆土，语言的完整，即一个"人"思想与精神的疆土的完整。语言的格局与规模，恰恰是一个人成长非常重要的标志。当然，在我们不少的课堂中，师生与语言这样的深度相处是远远不够的。"相处"是不慌不忙的，"相处"是彼此的步入，是相互的呼唤、触发、共生，亦是在学生感知、理解、发现语言的过程中，不断感知、理解、发现自己的过程。语文教育要让语言的发展与人的发展内在密切自然地

---

① 中华人民共和国教育部.普通高中语文课程标准：2017年版.北京：人民教育出版社，2018：4.

交融在一起。

在我们的一些课堂中，会有一些语言实操性训练（实际的教学中，即便是这样的语言实操性训练也不是很普遍），但语言的实操性训练往往还不足以建立语言与人的这种深度的自我关系。究其主要原因，这样的实操性训练，是局部的、外向的、迅捷的、迎合的、炫耀的，从更内在的意义上讲，在这样的语言训练中是无暇、是拒绝、是无须诞生一个"我"的，甚至是与"我"对立的。这样充其量只能是词汇、句式等外在技能的一些提升。因为在课堂中，学生对语言进入性、感悟性都不够，长期以来，学生书面语的表达基本是依托口语来完成的。

还有一种有偏差的认识，以为语言素养在使用中就可以自然成就。语言素养的得来自然离不开使用，但使用并非必然转变为素养。无意识、重复性、不自觉，甚至厌弃、违心、过度地使用语言，对语言本身便是伤害。当然于此过程中，也会对"人"本身造成伤害。语言素养是在自我充分彰显、充分实现的过程中，在完成自我确认的过程中，一个主体意识活跃的"人"与语言构建起一种特殊性、个体化关系的时候逐步养成的。只有在这个时候，必要的"量"才具有成长的意义。

造成中学写作困境的根本原因，是我们欠缺内在阅读。所谓的内在阅读，包括以下四方面的特征。①深度步入。基于语言的、以文字为依托为凭借的深度阅读，讲求沉浸，即人坠落其间。文字自然是信息的符码，但在优质的作品中，文字更是作者内在世界的重现与塑造。斟酌，掂量，有丰富的心智活动。阅读文字，有时候是自我的纵身一跃，亦需我们激发自身的创造力，这样才有可能步入作家的心魂与思想之中。②充分对话。在无拘无束、自由丰富地深度步入作品之后，一切都变得松弛而富有弹性，这样读者与作品的对话才能充分深入，不忙着轻易地下结论，让作品里的"光"漫射出来。在这样的对话中，人的内部世界才开始悄然复苏并成长。③丰富诞生。在一切都变得自由而柔软的时候，人丰富的直觉力、探触力、感知力、思考力、建构力才能充分活跃起来，人在这一过程中，完成内省、打碎、重组、诞生等复杂且重要的生命活动。④自新出发。从某种意义上讲，阅读是一种进入，更是一种离开，即完成一种自新。阅读也是一种遇见，在充分的遇见中见到更开阔的世界，在更开阔的世界中，重新衡量审视自我与"外在"的关系。

写作的根本依托是自我生命的渐渐"觉熟"，就像秋天的枝头一样，是自然而然的触及与沉思。当一个生命哪怕仅仅在某一个微小的点上拥有了真实的理解与判断、发现与思考，就具有了不吐不快的充分可能。从某种更为严苛的意义上讲，没有生命的自我"觉熟"，就没有真实意义上的自我写作，我们与写作之间的关系就是模糊的、隔阂的、不确定的。写作从更内在的意义上讲，是确认自我生命与大千世界的一种关系。写作从来不是孤零零的事情，写作，依托的核心是成长。王栋生老师说："让学生看到因为写作，个人思想情感的发展。"① 写作是一种成长，任何人真实的成长很难普遍化、逻辑化，这是写作课难以用逻辑搭建的一个根本性原因。人的成长自然是多方面带来的，是无限丰富的，但就社会成本与人的成长成本而言，不得不说，阅读以其安全、省时、高效、成本低廉，显示出巨大的优越性。而且阅读带给人的成长性意义、扩充性意义无疑是巨大而深刻的，阅读是见到，人自然地与更开阔的世界产生了关联。就此，作家毕飞宇说："如果我们的语文教师是位才华横溢的读者，他（她）拥有无限渗透的理解力，他（她）有能力通过自己的阅读把学生'带进'文本，让学生形成共情，事情往往就简单多了。在我看来，一个中学生，如果他（她）学会了'初见人'，他（她）能看见'别人'，他（她）的内心能自愿地容纳'别人'，他（她）稚嫩的小心脏能

---

① 王栋生．对学生作文要求要适当．中学语文教学，2020（3）.

够旺盛地分泌恻隐之心、悲悯之心，那么他（她）就是成功者。"[1] 这样，写作就与阅读，形成了表面看是以语言文字为联系的，其实是以成长为核心的更为深广内在的一种关联。在这个意义上，写作几乎是天天在讲的，因为成长应该是天天发生的。写作绝非几节技能课就能解决根本性问题的。

打破困境的策略

打破现阶段中学写作困境与僵局，就不能简单让写作陷入"技法"的传授中。在某种更真实的状态下，这些"技法"亦可被认为是写作的一些基本性常识。我们有必要将作文水平的提升与发展与一个完整意义上"人"的构建自然内在地关联起来。人与文一旦发生深度勾连，走向共同发展，我们期待的中学作文生动活跃、创意无限的局面，必将到来。因此，对"人"有内在而丰富的关注是打破中学写作困境的必要举措。师生是生命发展的共同体，亦是写作发展的共同体。以下九条建议，分布在四个层面上。

---

[1] 毕飞宇，赵长河．关于读写，毕飞宇先生如是说．语文教学通讯，2020（11A）．

第一个层面，写作的重要条件自然且充分地产生，特征是整体的"人"都在发展中。

（1）重内在阅读。前文已有阐释，在此不再赘述。内在阅读，特别强调人与文发生深度关联，人与文字共浮沉，人与作品中的"人"、与作家、与自己相遇，在阅读中获得综合性成长。于此过程中，师生逐渐获得对文字的信仰，相信文字关乎人的思想、精神、尊严等重要人文特征，自我也由此获得了重要内在的发展。

第二个层面，写作中自我的生命意识、主体意识勃然而动，不吐不快。

（2）重指向自己内心的表达。即强调将笔指向自己的内心，写自己真实理解到、体验到的东西。张永禄先生谈写作时说："第一条黄金法则是'写你熟悉的，写你知道的'。写作作为审美体验而非认知，只能在自己熟悉的领域进行，通过文字展开自我对话，释放内心隐秘的情感，点燃写作的激情，这是写作兴趣激发和写作内驱力释放的不二法门。"① 将笔指向自己的内心，就会有意识地关注、梳理、整顿自己的内心，这样一

---

① 张永禄. 中学开展创意写作教学的三个基本问题. 语文教学通讯，2020（12A）.

来，人的内部世界，就会被写作进一步激活；而人内心的徘徊与瞻顾，深思与面对，又是一切佳作得以诞生的核心生命基础。

（3）重师生内在生命体验。从根本上讲写作是自我生命里冒出来、长出来的，而非外在压出来、逼出来的。生命感受与生命意识是一个健全的"人"内在磅礴细微的世界，所有的"外在"都要在这个自我的"系统"中得到应验与检省，进而获得"思想"。内在的生命体验，将决定写作是否真实启动，是否独特，是否深入，是否具有个体遭遇中所普遍蕴含的群体性意义。不欺瞒，不伪饰，担荷个体生命应有之痛、应有之思，是构成一切佳作的核心基础。

（4）重师生内在的精神成长。从写作的意义上讲人的精神成长，主要有三方面的含义。首先，精神成长是完整意义上"人"的成长的必由之路。精神的崛起是"人"站立的重要标志。"人"出，而后"文"乃出。"人"的坍塌将导致"文"的坍塌。其次，在精神的建构与成长中，从一个人的心底涌现、斟酌而出的文字，一定会有个性价值，其文字的质地与气度都会由此而发生内在而深入的改变。文字，是精神的骨骼。再次，在师生共同的精神成长与发育中，我们才得以见到肉眼无法见到的更开阔、更壮丽的世界。这个世界不仅构成了我们写作阐释表达的丰厚内容，也会逐渐变为我们重要的自己。

（5）重不断扩充师生的认知视野。视野，不仅为认知、判断提供了空间，同时也会因为空间的改变而改变我们的认知档次；而认知档次的改变，便会改变我们生命的境界与格局。封闭师生的认知空间，不讲认知的视野，躲在狭隘有限的空间内，就会形成许多认知上的遮蔽。在层层遮蔽中，自然无法获得真知灼见，也见不到更开阔壮丽的世界。在这种状态下，我们的写作就会出现千人一面的状况，文章的核心判断就毫无新意，甚至还可能错讹百出而不自知。

（6）重内在真实思考。将思考的位置放在这里，绝不是说思考不重要，而恰恰是为了突出真实思考的价值与作用。因为，真实思考的展开是有条件的。首先，不出自自我内在价值判断的思考是假思考，是浅思考，是附庸型思考，是谋求型思考。脱离自我真实生命体验的思考，不具有思考的深刻性与独到性。其次，简陋狭隘的认知视野，会严重损害思考的程度与质量。

以上第一个层面与第二个层面都在讲"人"的充分发展，因为"人"的充分发展必然会带给"文"深入内在的影响与改变。下面第三个层面，重在讲我们的写作如何在不损害自身的状态下，与考试形成必要的对接，以满足学生升学深造的现实需求。

第三个层面，如何在保持良好自我的状态下，谋求写作高分。

（7）重在真实表达愿望的基础上，形成良好的考场写作策略。中学写作，不能也不应回避考试。但我们在应对考场作文的时候，是"一心往外"的，我们很少顾惜自己，我们甚至认为一篇考场作文如果关注了自我，必败无疑；我们一心追求的是符合，是尽量迎合满足我们认为的命题的愿望与要求。这些状况的产生，与我们的阅读能力、认知视野、认知能力等都有关系。现在不少作文命题是为考生留有空间的，是希望考生自己的生命历程与命题能相遇的。我们充分关注到自我真实的表达愿望，我们的笔就具有丰沛而充分的可能性；于此基础上，如若我们寻求到与考场命题内在的衔接与关联，我们的写作就会脱颖而出。这是笔者在充分实践的基础上，寻求到的高分之道。

（8）重在充分促成"人"的发展的基础上，帮助学生谋求高分。为学生谋求高分，自然是无错的，但如何谋求高分，做法却是千差万别的。我们应该充分促成学生作为"人"的发展。"人"的发展自然包括知识、能力，但心灵、情怀、精神、思想、识见、器宇、格局等，亦是"人"的发展的重要组成部分。"人"充分发展起来，从写作的角度而言，学生的才、学、识便都得到了相应的发展，"人"具有了灵活地、丰富地应对一切作文命题的充分的可能性。

第四个层面，对我们教师指导作文的建议。

（9）重在教师自我生命不断成长壮大的过程中，创造性地建构学生的作文写作途径。我们目前的作文指导，基本上停留在教师简单剖析题目，主要是指出学生于应试中的种种不足，然后以学生的范文为指导核心的模式上。一道作文题目，首先考查的不是学生，而是我们教师。我们教师应该在自我生命不断成长壮大的过程中，创造性地建构学生的作文写作途径，带给学生写作的充分的可能性。于此过程中，帮助学生找到自己的"路"。我们教师亦需要生命的充分成长与壮大。这样，我们教师面对一个题目的时候，才有可能为学生冲破局限、改变困窘、超越平庸、实现自我，提供丰富有效的可能性。

如若我们总是一味沉溺于、满足于、追求对"技"的总结与探索，没有充分考虑到"人"这一要素在写作中重大而深远的意义，那我们对于写作的认知必然会很受限制。那么，我们期待的朝气蓬勃的写作局面，就不会真正实现；当然，与此相应，朝气蓬勃的"人"也不会充分呈现；"人"与文高度融合的新型写作局面也不会充分呈现。

写作里的唤醒与确认

一

写作，是生命里长出的一棵树；与其说它是学来的，不如说是在生命成长的过程中渐渐养成的。

人，不是因为获得了方法而想说话，而是因为想说话了才去找方法。真正想写作的人，因为需要表达而创造方法；一味在意方法的人，并不真正想写作，也写不好文章。因为方法而想写作的人，似乎是没有的。方法，是在写作的过程中自然产生的；与其简单教学生方法，不如鼓励与引导学生在自我的写作过程中构建自己的方法。方法，是无法穷尽的。人尽皆知的方法，容易酿成八股腔，而这又是考试的大忌。

改变现在沉闷低效的写作状况，我们教师必须得走出狭隘的写作方法指导观。

二

首先，写作是对生命最美好最真挚的一次唤醒。一个生命自然复苏了，饱满放松了，就会产生说话与表达的高级欲望；而写作最根本的问题，便是学生此种高级表达欲望的产生。

其次，写作绝不仅仅是一种技能技巧的传递。写作，即生命成长。写作，是生命成长中自然而然的倾吐与表述。生命的成长犹如枝头的果实。果实成长了，便会低头；生命成长了，便自然需要表达。与此同时，因为富有质量地用心活过，所以便诞生了写作的扎实内容。有愿望，有内容，写作何愁不成！我们应该将技能技法的讲授同学生的生命成长美好和谐地关联在一起。或者可以说，什么是生命的成长，怎样才能获得生命的成长，对此问题的探讨与关注，便构成了最富成效的一种写作内容与技能。

再次，生命成长与写作表达互为依存，互为表里。生命成长本身便会为写作表达提供不竭的新鲜资源与内容，写作表达促进学生对自我生命成长构成不间断的有效的体悟与确认。简单一句话，可以概括为：在成长中，才能写好；在写作中，学生获得内部成长。

给学生布置一次游记的写作，我们自然可以说：

春天，是一个万物复苏的季节，它带着蓬勃的生机来到人间。就在这个春暖花开的季节，学校组织了一次春游活动，让我们尽情地投入大自然的怀抱中，感受春姑娘的到来。春游回来后，请同学们完成一篇游记。

要求：①立意自选，题目自定；②不少于 600（或800）字；③不得抄袭；④下周一交。

但我们何妨说成这样：

心有多远，笔才能有多远。

同学们，走出眼前窄窄的天地，走出已经让我们感觉庸常的生活，走进风景里去吧。世界是那么广大并且新鲜！一只钢蓝色的蜻蜓，一队神秘匆匆的蚁兵，一颗贪玩的芬芳的雨滴；一座高山里到底藏着多少秘密，一条辗转而至的河流一直想告诉我们些什么，一座古城里又有多少寂静无边的历史的足音！

风景，其实是用笔尖与心灵共同酿造的。结合自身经历，写一篇让自己满意的游记。有笔尖和心灵的地方，就有风景。

从我们熟悉的惯常的命题角度看，这道作文题的布置是不合格的。最大的问题起码有两方面：①文字冗杂，有许多不必要的话；②要求不明确，比如字数。但这正是我们的问题所在。日常的写作命题与考试的写作命题应该有关联，但二者并非完全一回事。考试，主要是为了甄别检测；而日常写作，更多是为了改变与唤醒。风景，本身便存在于一个有质量的生命里。如若我们的学生在日常没得到有效的改变与唤醒，那我们又去拿什么与人在考场上"一比高下"呢？我们的孩子不能发展，如何获得我们那么迫切希望得到的分数？因此，在日常的写作里，我们通过写作这一形式，首要的任务便是将孩子沉睡的、压抑的甚至已经异化的生命形态唤醒，让美好而自然的生命形态在孩子的体腔内复活、活跃、畅行起来。因此，这样的对话是很需要的："心有多远，笔才能有多远。同学们，走出眼前窄窄的天地，走出已经让我们感觉庸常的生活，走进风景里去吧。世界是那么广大并且新鲜！""风景，其实是用笔尖与心灵共同酿造的。"

我们日常的作文命题，不应简单照搬考试命题形式。考场上需要有字数规定，是为了在一个公平的平台上进行筛选与比较，而日常写作根本的目的不是比较，而是促进学生有效发展。肯定有人会说平时不比较，最后如何与人竞争！其实，更内在的道理是：平时不发展，最后如何与人竞争！笔者曾经在日常的写作中只给学生按照 ABC 等次，大体给分，就是渴盼孩子们回归一种根本的写作状态：在写作中，渐渐发现自己。一次次"强大"的比较，会大大打击孩子们的写作热情与内在愿望。写，不完全是次数决定质量的一件事。在现实处境中，不少学生一直处在一种完全被动、被迫完成任务的写作状态中。写，只是不管你愿不愿意、不管你想说不想说，你都必须要完成的一项作业。不少于 600 字或 800 字是个最硬性的要求，不容商量，不容置疑，当然更不容违背。孩子们长期以来，一直没有发现原来写作首先是与"自我"有关系的一件事。当"我"在生命内部活跃起来的时候，高级的有意义的写作才真正开始。我们要让孩子渐渐明白，因了题目，我说了想说的话，表达了重要的个人见解，这就是写作本身最伟大的意义。因此，我们做教师的是否应该对学生讲，"写一篇让自己满意的游记"？让自己满意，无论形式还是内容，无论书写还是字数……写作是启动生命的，为何日常我们却在利用写作压抑生命！自写作之日起，我们的孩子们就应该开始学着对自己的生命负起责任，就应该开始学着对自己内在的心灵与精神成长负起责任。笔者以为，在日常的写作中，写一篇让自己满意的作文，是写作练习中最重要的一个要求。老师满不满意，这实在是一件不重要的事情，重要的是要让自己满意，我亲爱的孩子们！帮助每一个孩子的生命快乐而庄严地出发，这便是写作神圣的不容侵犯的意义。在敞开的、透明的、无拘无束、无遮无拦的对"我"的写作中，我们的每一个孩子都会完成生命中最为重大的塑造与调整，每一个孩子都有可能非常优秀，每一个孩子都会与众不同地出色。从小学开始，学生每写一篇文章，都为求得别人的满意，求得别人的认可，求得别人的评价，孩子们心中重要的那个"我"哪里去了？！为"他"写作，这原本便严重背离了写作的初衷。分数，是在有"我"中孕育诞生的。因此，作为在一线曾为分数打拼过多年的教师，笔者以为无"我"的写作，同时也严重背离了得分之道。无"我"的写作，既不能有效提升学生的作文分数，对学生一生的真正的成长，更是意义寥寥。

通过写游记，其实更重要的是我们可以与孩子们达成这样一种美好的生命共识：写好一篇游记吧！因为，当我们的灵魂里有了风景高贵的参与，我们就已然成长。生命是在一次次唤醒与确认中成长与壮大的，这是生命的自豪与尊严，这是写作之于人生最撼动人心的构建。

三

改变作文教学的低效与无趣，转变学生的写作状态，教师首先应该转变自我的写作指导观。学生今日的"烦倦"与"枯竭"，与我们教师的"指导"不无关联。教师应该首先加强自我对于写作根本性的认识。

要求孩子写一篇议论文，我们自然可以这样命题：

在下面的两个题目中，任选其一，完成一篇不少于600字（或800字）的议论文。

①在你的成长中，一定会有一句格言警句，流淌在你的记忆中，沉淀在你的生命里。请围绕这句格言警句，写出你的看法与思考。

②校园里曾流行"绰号风"，一时间"瘦猴""胖子""土鳖"等大行其道；《水浒传》里一百单八将，个个都有绰号，却因此更为读者所喜爱。对此，你如何看？写出你的判断与思考。

这样的命题自然也很不错。但如若只是这样，孩子在动笔以前，便少了些认识，欠缺了一些状态。写作，脱离了生命的爆发力与责任感，文字便成了可有可无的装饰。

首先，人为什么要议论？人是为了写作才议论吗？笔者想与孩子们做以下这样的沟通。

> 当生命的指针指向我们这个年龄的时候，成长的一个重要标志便是在生活学习的过程中，同学们逐渐形成了自我的判断与观点。这样的情况，是令人惊喜的，这意味着我们的心智在日渐成熟与完善。在此前提下，我们需要对世界发出我们的声音。因为，这个苍茫动荡的世界需要一种力量。给这个世界更多的关爱与辅助，给这个世界提供一种有价值的声音，这是我们发出议论最根本的原因。

我们一直强调写作要贴近学生的实际，但什么是学生的实际？吃喝拉撒、考试、写作业、家长会、爸爸妈妈……只有这些才是学生的实际吗？历史的兴亡更替、社会的诸般形态、人类的千回百转、环境的日益恶化就不是学生的实际吗？有些时候，我们教师自身认识上的低龄化倾向决定了学生认知上的肤浅。我们一直渴盼我们的学生能够发出富有价值颇具启发性的观点，但在他们成长的过程中，我们似乎却一直拒绝与他们讨论那些宏大而有意义的问题。与孩子讨论那些宏大的、似乎脱离了他们的实际的问题，不是为了给问题一个完美肯定的答案，而是为了不断养成孩子思考的习惯，不断促进孩子真正的发展，不断引发孩子对于问题的关注与探究。笔者以为：没有什么问题，是不可以和孩子讨论的。在许多问题面前，我们必须承认即便是我们这些成人也是懂得了一点，再懂得一点。不讨论，就永远不懂。讨论才能懂，才有可能懂。在日常的写作中，毋庸置疑，我们以贴近学生实际为由给孩子们布置了多少无趣甚至无聊的论题。面对这些论题，不要说孩子，即便我们教师自己也没有深入讨论的内在需求；但我们却要求孩子讲下去，还不能少于 600 字（或 800 字）。这样无趣甚至无聊的作文命题，在我们现实的教学中普遍存在着。即便是九年级的学生，初学议论文，我们也可以这样触发他们：

> 说几个大家一点也不陌生的事情。"只有当人充分是人的时候，他才游戏。"你以为呢？"想象力比知识更重要。"你以为呢？"读史使人明智，读诗使人灵秀，数学使人周密：凡有所学，皆成性格。"你以为呢？"经验丰富的人读书用两只眼睛，一只眼睛看到纸面上的话，另一只眼睛看到纸的背后。"你以为呢？这些话，正确还是荒谬？或者你还有什么石破天惊的判断，拿出来，与大家分享，并力图让大家接受你的判断。对，写出来，让我们一起享受成长与思考的快乐！

　　由此看来，小学生就不可以写议论文吗？我们是更看重所谓的章法，还是更看重孩子们的有感而发？记叙文、议论文以知识为体系构建的这种写作序列，并不科学。我们为什么不能以"人"的发展来构建崭新的、富有生机的、与孩子们的生命一道发展的写作序列呢！有时问题愈是宏大，便愈是有助于孩子的成长，便愈是有助于激发孩子谈论、评价的兴趣，便愈是有助于帮助孩子摆脱现实的琐细与平庸。为了将问题说透，说个极端点的例子，"人为什么要吃饭"这样的论题最好还是留给生物学去讨论，如若非要让学生作为一般议论文来写，学生的写作兴趣不会太大。从小到大孩子们被要求从细节里写妈妈，这不是每一位学生都感兴趣的；即便感兴趣，从小学到高三总是如此，也会生出些厌倦了吧。我们的学生一直趴在地上爬行来应对考试，而不能够站在世界的潮头指点江山，这与我们这样的命题和教育有关。

　　下面的题目可以拿出来和学生讨论，甚至可以和小学生展开讨论，笔者孤陋地以为这些讨论很贴合学生的实际。

　　　不久前，网上传来在某校师生集体上课间操的时候，一名女生自教学楼四层纵身一跳的消息。消息一经传开，人们非常震惊。不久后，就有网友提出了自己的主张：早就应该在学校教学楼上安装防护窗，这样就没事了，能花几个钱?

你是否也听到过类似这样的学生轻生的消息?这是一个关涉生命与教育的大问题。和你的同学、老师、家长讨论一下,当然也可以查阅相关论述。在此基础上,提出你自己的观点;还要特别关注自己的论证过程,以便让更多的人接受自己的观点。

写成之后,在自己或学校的网络社交平台上发表出来,给更多如你一样的学生以参照和帮助。我们的一篇文章,哪怕只影响了一个人、一个生命,都功莫大焉。文章,有时不是写着玩的,也无关乎成绩与考试。

生死存亡是人生大事,很贴合人的实际,自然也贴合学生的实际。文章,有时不是写着玩的,也无关乎成绩与考试,而是给世间的生命以诚挚普遍的关怀,这种诚挚普遍的关怀也是大事,也很贴合学生的实际。

如若我们敢于给学生一个开放的富于思考的世界,说不定我们会看到孩子们不曾表现过的令我们意想不到的惊人潜质。小鹿是在山野里"跑"出来的。圈养的鹿,显得呆;即使放出去,在浩大壮阔的山野河川构建的"试卷"面前,它们也不会有令人赏心悦目的纵跃与四蹄生风的奔跑。

四

作为教师，当孩子们需要做演讲的时候，我们自然应该传授给他们诸如这样的一些写作方法：

①好的演讲要依据演讲对象来确立演讲内容与主旨；

②好的演讲要节奏明快，思路清晰；

③好的演讲要有充沛的感情与生动的例证；

④好的演讲必须要讲求语言的艺术。

但我们身为教师，似乎更应该和学生构成这样的一种对话：

同学们，总有一种力量会让我们泪流满面！当我们高贵的思想与卓越的精神，沿着我们的口齿，澎湃在我们的语流之中的时候，我们也许都会说：尽管千难万险，但我们愿意生活在这快乐的人间。当语言和我们心中的力量融为一体的时候，我们便给了这个世界更美的希望与更坚定的力量！

同学们，在朋友间、家庭里，也可以在班级内、学校中，找机会做一次演讲，讲出你生命的愿望与心灵的方向，讲出你真实的所得所感。演讲可阐明观点，发表见解；演讲也是宣传动员大家强有力的手段。当然，为了保证演讲的质量，你需要提前写一篇演讲稿。同学们，努力做一下，让天地间多一道如音乐一般美妙而奇异的能量。我们当然相信：那些落在人们心田间的话语，永远碧绿长青。

我们师生应该通过写演讲稿、做演讲完成这样一次重要的生命确认：做好一篇演讲，不仅需要很好的文字功底，它其实还需要我们具备多方面的修养和能力。同学们，为此，奋力生长吧！奋力生长，才是我们的大事。写作，也是生命成长的一部分。

为了帮助学生写好议论文，我们自然应该传递这样的一些论证方法：

①例证法；

②引证法；

③喻证法；

④对比论证法。

但在传授方法的过程中，我们师生在一起更应该完成这样的一种生命确认：其实，人的性格怎样，情怀怎样，生命的能量怎样，人便会怎样论证；写作，原本便是人生的韵脚。方法，是从生命里挥扬出来的。人不用教，也会吵架，这就是人会议论的潜质。许多事情不是非得教过才会做。

修改议论文时，我们自然会提到下列这些方法：

①对文章论点进行审查与修改；

②对论据进行审查与修改；

③对结构进行审查与修改；

④对语言进行提炼与润色。

但我们师生更应该完成这样的一种生命确认：修改，其实是一种逼近，那便是逼近我们心灵与思想最初渴盼出发的那个地方。

教写作，很重要的是教学生为什么要写作

一

曾听过一节《小狗包弟》的公开课。授课学校是一所普通校，但班里的学生们那天表现得却不"普通"。在老师未"讲"之前，他们似乎已为巴金深挚而令人震撼的笔墨所感染。他们站起来发言，已然可以触及字里行间涌动着的巴老对那个时代强烈的反思和沉重的叹息。他们已经感受到在那样的一个时代里，一个"人"无法自由地拥有一条小狗，甚至连保护一条小狗的权利与能力都丧失了；为了让自己免遭更残酷的迫害，得以屈辱地胆战心惊地活下去，"人"不得不出卖对自己怀着无限忠诚与善意的小狗。"人"在时代的浪潮中，如狂风怒涛中随时可能倾覆的一条残破的小船，显示出了种种挣扎、无奈、

自私、冷酷、可怜……更重要的是，他们感受到了巴老在事后深挚的内省与真切的呼唤。孩子们不由自主进入了文章带给"人"的震撼与沉痛中，尽管他们的那些感受与认识常常是一闪而逝的，是下意识的，是不太稳定的，是处处想与老师努力保持一致的。但课堂上，老师对学生的这些认识理解似乎并不在意，老师引导学生讨论文章内容的最终目的是为学生总结几种写作方法。经过师生这样的一番相互错杂的，并非基于一个层面的讨论，老师先后于文中总结提炼出三种写作方法：精于选材、注重对比、讲求细节。在总结这三种写作方法的时候，老师还以学生学过的其他篇章作为佐证，进一步明确上述方法。课就这么上完了。

听完课，挺沉重。姑且不言，学生不能时常有效进入深挚而令人震撼的文本系统与生命系统中，学生内在的成长到底在哪里获得；单单就作文而言，学生的内部世界不成长，又谈何改变提升自己文章真实的质地！即便是单就讲授作文方法而言，我们常常也是重概念，轻体悟；重名目，轻血肉。我一直顽固地认为：写作中的方法是学生生命不断成长中的方法，是"人"不断发展中的方法，是"人"为了表达的需要自然而然找到并运用的方法，是为了实现表达的欲望而自我谋求创造出的方法。一句话，方法，是学生在写作中主动探寻到的，主要不是靠老师总结出来，像交付一件东西那样交予学生的。我们和巴金等真正的作家之间的差距，绝非仅仅在于是否知晓那三种写作方法。"人"不是因为知晓了方法而获得提升与改变，"人"也不是因为知晓了方法而激发出了更为强烈的写作表达的愿望。我们的学生，在基本不知道写作的意义与价值的时候，他们很内在的不吐不快的表达愿望究竟能从哪里来呢？

我们的学生在写作中，表现出来的更多是屈从与迎合，是完成与应付，是自我的缺失与缺席。写作，对我们的学生而言，主要是一种无"我"式的任务与作业。我们的学生知道写作得高分，是考上理想大学的重要条件。写作除此之外的意义，学生恐怕未必知道多少了。我曾在不同的班级内做过实验，请学生讲讲人为什么要写作，除去显而易见的那些原因，全班几乎哑然。

如若我们的学生从生命内部便不想表达，不愿表达，不能表达，有的只是外在巨大的压力与不得不面对的残酷现实，那么，即便教师能够为学生提供一等一的、一用就灵的方法，效果又会好到哪里去呢！何况，教师真的有一等一的、一用就灵的写作方法吗？

我们实际的写作教学状况是：迷信方法，方法横行；文章疲软，现状堪忧。

二

我们不妨将问题再逼近一步，影响一个人写作状况的基础真的是写作方法吗？

在实际的写作中，似乎不存在这样的一种状况：一个人因为获知了几种写作方法，因而产生了强烈的写作愿望与表达冲动，一发而不可收，写作成为他生命里真正的一种需要。

鲁迅先生开始写作的理由是：

> 凡是愚弱的国民，即使体格如何健全，如何茁壮，也只能做毫无意义的示众的材料和看客，病死多少是不必以为不幸的。所以我们的第一要著，是在改变他们的精神……

可以说，鲁迅的写作始于：一个认识，一个判断，一个发现，一种责任，一个使命，一个不得不……总之，似乎不是始于一个方法。当然，我个人以为其实不存在这样的状况：一个人写作的时候，先将某几种青睐的写作方法罗列纸上，立志在表达中一定要用上；因为某种方法运用得既得当又巧妙，便产生了写作本质性的快乐，而此种快乐构成了此后写作核心的能源与动力。再推进一步，即便我们认为写作的真正基础是写作方法的不断积累，那么小学的"讲求细节"与初中的、高中的乃至大学的"讲求细节"在方法的层面上，又当有怎样的递增与区别？

写作这件事可以有效发生，本质的能源与力量来自一个人内在的表达愿望；而内在表达愿望的产生与我们的学生对人为什么要写作，即对写作的意义与价值本身的理解与认识，密切相关。教写作，很重要的一个方面就是教：人为什么要写作。

当学生在成长的过程中，渐渐理解"人"与写作更内在、更必然、更重要的关系之后，写作这件事才可以在学生的生命里巍巍耸起隆隆发动。自此，写作将得到空前的发展，学生的生命内部也会得到真实而重要的成长。写作这件事与"人"的缔结，是写作得以在学生生命里启动的本质原因。写作这件事一旦在学生的生命内部自然启动，那些所谓的写作方法，便都会被学生们自己找到。有时学生会有迷惑，教师所做的也不过是指出寻找的大致方向而已。我们完全有理由相信，学生自己找到的方法对他们而言才是真正实用而有效的方法；而一个人只有先拥有了内在的表达愿望，才有可能与自己的方法相遇。男孩子想掏鸟窝，没有谁教过方法，自古皆然；然而他们一代代都做到了，不同地域不同时段不同条件的男孩们都找到了各自的恰到好处的方法，都掏得挺好！能做到这些，在于他们有掏鸟窝的内在愿望；有愿望驱动，何法不得也！

我们目前的写作教学是，孩子们不想"掏鸟窝"，我们教师其实也不大想"掏"；但师生都特别关注"掏鸟窝"的方法。

三

人为什么要写作？对这个问题，我们教师要引导孩子们从小到大，不断研讨。在师生生命不断发展的过程中，为这个问题寻求更新颖、更深入、更有价值、更别具一格、更富有个性特征、更内在的答案。而这种"寻求"，应该成为我们中小学写作教学的一个重要内容。

对这个问题的探讨，绝不是一个"点"式的完成，今天研究完了就结束了，它应该贯串学生整个的求学与写作过程。这是一个永远充满魅力、永远没有既定答案、永远言说不尽、随着学生成长而答案常新的问题。在整个过程中，师生一起体察，一起寻找，一起分享，一起深化。这样的问题探讨，既应该有大家共同的答案，也应该有每一个学生自己的答案。这样一个追寻、试图回答的过程，就是写作教学很重要、很内在、很见成效的过程。这个问题的魅力，就是写作的魅力，亦是写作教学的魅力。对这个问题而言，呈现经典的答案永远不是最重要的；寻求、思考、反复确认、不断修正才是最重要的价值与内容。这个问题应该成为我们语文课堂的核心问题之一。我甚至可以看到就此问题我们师生共同研讨、相互诉说时，风住云息，整个课堂霞光万道、流光溢彩的样子。

人为什么要写作？写作教学中，课堂里，我们师生不妨就以下这些答案展开讨论。

作文分数与当上作家，都不是写作的兄弟，生命才是写作的兄弟。生命如若有一支笔，他们便会手挽着手，彼此扶助，患难与共，一生永不背离，永不相弃。有的时候，如果我们的笔不再唱歌了，那生命其实已然等同于止息，不管我们是否还活在这人间。

写作是心灵的加工厂，是一种再造。因为写作不是原始简单的现实呈现，笔底的世界经了心灵的再造，所以才风光无限。

脱离现实的枯窘与庸常，雾霾与尘秒，写作是我们飞离狭隘的地面的美丽而矫健的翅膀。

写作是一根金色的绳索，系住它，我们才不至于完全陷落在时间的古井里，漆黑一片，暗无天日。也正是沿着这根长绳，我们才能找到往昔。否则，当我们的生命终结时，我们拥有的年龄其实不堪一击，除却那些生死存亡的大事，我们可以怀想与把握的，寥寥无几。

世间所有的幸福与美好，其实都是短暂的。再强烈的感受，也经不住日子的冲洗与漂白。用笔记录下来的时候，幸福便是晶莹剔透的满杯佳酿。我们慢斟细品，幸福流进了生命里，这既是生命扎实的幸福收获，也是改善一个人生命生态最自然最重要的方式。写作，增加了幸福的长度与深度，让幸福更加触动人心，帮助人愈加珍惜与渴望幸福。

我至今还记得 15 年前，一位学生家长曾和我说："连老师，再不买车，真的是无法提升生活质量了。"这位家长的话我很认同，提高生活质量确实需要一些关键性的条件与凭借。有车是一方面，其实写作也是一方面。有写作进入和参与的生活，是有斟酌有怀想有回旋有体悟的生活，是可以用寒素酿出光亮的生活，是可以将烦冗裁为精致的生活，是可以在平淡里提炼诗意的生活……

写作，是生命的台阶；没有脚印的生命是惶恐的。

写作，可以使一个人很内在的东西得以成长。

写作，可以将自己最美好最有力量的东西奉献于世界，给这个喧嚣嘈杂的世界以温暖和价值。

我知道，我能够呈现的只是我个人的，有关人为什么要写作很小很少的一部分思考。但类似这样的内容，应该成为我们写作课最重要的内容，应该成为我们语文课堂最重要的内容。

教学生为什么要写作，不仅开启了写作的内在愿望，更积淀与成就了写作开阔而富有价值的内容。因为这个问题，不仅是写作的，更是"人"的。人的内部世界一旦开始真正成长，写作与生命便一道上了高速公路，无尽的写作内容与生命发现都会像远处起伏秀丽的山峦一般，扑面而来，尽展姿颜。

将写作与学生的生命关联起来，这便是切实为学生的终身发展奠基。我可以以我个人备考的经验负责任地说：这是谋求分数真正的开始，这更是获取作文高分的真正捷径。

四

哪怕只是让学生感受、领悟、获取到一个足以和自己发生内心关联的写作理由，便足以打开一个学生紧闭的生命闸门。沉重而紧闭的闸门一旦打开，孩子们的生命长河将会流出怎样的潺湲与秀丽、宽广与浩瀚、澎湃与汹涌啊……但我们现实的课堂却往往不触及这些，这些太过缥缈；据说"方法"离现实最近。教师也好，学生也好，过早贴近、彻底服从于"现实"

的人，其实已经失去了翱翔千里的梦想与能力。离现实太近太近，会让你既落魄又紧张，这恰恰是上了尘世的当。而写作，正是帮助我们在这个万丈红尘里与自己相遇很重要的一支力量。与自己相遇后，写作的灵魂便真正诞生。

教写作，很重要的是教学生为什么要写作。

写作，生命中的发现

——谈谈写作内容与写作冲动的产生

写作，最大的限囿是无东西可写，是没有表达的愿望与冲动。其实，无东西可写，自然便没有了表达的愿望与冲动。写作的内容、愿望、冲动是如何产生的呢？这一切从根本上源于一个人生命中的发现；写作，从根本上讲，就是写出自己生命中的发现。

生命中的发现，有两个关键词。一曰，生命；一曰，发现。

强调"生命"，就是强调学生拥有并能保持一个新鲜、活泼、有生气、能思考的"日常状态"。这个"状态"下：人，敏锐活跃而不沉滞麻木；人，振奋昂然并有适度紧张；人，用心面对而不浑浑噩噩；人，热情洋溢又在低回思索；人，吐纳世界并能内省自己……"生命"：强调的是学生源自身体与灵魂中的一团一团的生机，强调的是学生的"活"，强调的是学生逐渐产生独立而有价值的个性，强调的是学生不断产生并拓展自己的心灵世界与精神疆域，强调的是学生能够活泼而有见地地思考。

发现，是独到与新鲜；发现，是有洞察有脑力。强调"发现"，就是强调学生面对日日的课堂与生活，不是匆匆过客，而应该是领悟者与生成者；面对径直扑来的人生与世界，不只是个承受者，更应该是个思考者与探索者。强调"发现"，就是强调学生不能日日只是机械简单地重复与接受，不能满足于日日答案搬家式的学习，而要"撞出"与"震颤"，要从独特的个体生命中，撞出与震颤出自我富有价值的东西来。

生命中的发现，构成写作的内容，也激起写作的冲动。生命中的发现，是写作真正汩汩不息涓涓而动的灵源。这个灵源不仅帮助学生充分感受到生活的丰富与精彩、社会的多元与复杂，不仅帮学生打开写作的思路与拓展写作的内容，而且更重要的是，生命中的发现，可以建设一个有活力有创造力的活泼泼的"人"。生命中的发现，其实强调的是帮学生建构一个开放的、敏锐的、活跃的、关注的、思考的生命内部系统。写作的平庸，在某种意义上可以归结为生命的晦暗与浑噩，由此而来的是感受体悟的迟钝与肤浅，理解思考的缺失与迟滞。写作绝不仅仅是个技术活，因此也一定不能仅仅在技术的层面上解决写作的根本问题。如若我们的学生从未体验过生命中的发现，那么他就没有受到真正的写作教育。写作教育，绝不仅仅指向一篇文质兼美的好文章，它其实更在意的是由"写作"引领、带动、促使一个生动鲜活且有判断有思考有个性的"人"的形成。发现，不是看见。看见，止于眼；发现，始于脑。

　　一方面，我们要不断促进高考作文命题与阅卷的改革，要给学生更开阔的写作空间，不代替学生做价值判断，包容并欣赏学生有个性、不人云亦云的观点，要允许并鼓励学生说有价值的真话。不拿简单幼稚、机械肤浅的"积极健康"束缚学生。学生有反思有批评，可以是"积极健康"的；学生写出了自我生命之困，没有得出一个明朗、看似阳光的结论，可以是"积极健康"的；学生的价值判断不合于主流、别开生面，可以是"积极健康"的；学生敏锐善感，写出了心绪中真实流动的东西，可以是"积极健康"的……另一方面，学生能有生命中的发现，能写出生命中的发现，这绝非仅仅依托命题的开放与阅卷的包容便可实现，也绝不是伴随着学生身体的成长自然而然就生出的事情。客观地说，现在不少的学生，远不具备说有价值的真话的能力与精神。他们能讲真话，但远远不是我们期待的那个可爱的、有勇气指出皇帝没有穿衣服的独特的孩子！他们说的真话，只是诸如皇帝是皇帝，皇帝是个男的，皇帝有点胖，等等。我们教育中的欠缺，特别是长时期简单地极度功利性地围着"分数"旋转，使得一部分学生生命黯淡，缺失自我，对生活对人冷漠麻木，目光短浅。繁重的理科学习，对外语的迫切需要，机械重复的大量练习，造成了相当多的学生精神枯竭，见解低幼，母语表达拙劣。直到高中阶段，他们还只能用局促蹩脚的汉语表达一些人尽皆知的简单观点。

"人"的状况，其实就是写作的状况；写作的状况，在很大程度上也显示出了"人"的状况。要改变此种状况，我们的教学，就不能仅仅局囿在增长知识、提升能力这个范畴之内。不能触动"人"、改变"人"、提升"人"的教育，本身便有很大的局限。我们应该关注学生有关"人"的那些隐性而高贵的价值的建构与完善。这些隐性而高贵的价值包括：心灵、情怀、美、意识、觉解、生命、独立、品格、精神、思想……其实，这些隐性而高贵的价值决定着生命的质地，决定着"人"最基本最重要的状态，决定着生命中的"人"发现的状态，自然也决定着写作的状态。

美好而完整的"人"的状态，生命中的发现，这些价值首先应该在教师身上复活。其实，复活，就是最好的教育。教师以自身独具个性价值的"生命"形态，和学生不断真挚沟通生命中的发现并为之欣喜，这便是生命的教育，自然也是写作的教育。写作，就是让鲜活而富于价值的生命奔涌出来，或潺潺湲湲，或澎湃波涌。在我们的生命中有惊涛骇浪，亦有叽叽喳喳，这些才构成了内在表达的需要。语言，是随后而来的一件事情。当我们决心将心中所"动"，充分而真切地说出来的时候，语言的素养才会真实而具体地呈现在我们的需求中。

教学，是一场对话。在这场多元对话里，绝不能缺失了教师生命中的发现。这场生命中的发现，写下来，便应是篇好文章。任何参考书、前人的说法都不能遮没、代替教师自己生命里的发现。在欣赏《梦游天姥吟留别》中"安能摧眉折腰事权贵，使我不得开心颜"一句时，我是这样与学生对话的：

很好，结合这位同学所说的，我们再来看这一句。李白的眉确实如这位同学所言应该是高昂的（教师做动作），他的腰是挺立的，因为眉和腰是李白心性和气骨的代表。但是世间的权贵不容你这样，他们要摧尽你的眉，他们要打折你的腰。

在森严的等级制度下，一个人的人格尊严会饱受凌辱。李白这一句诗穿透千古时空的伟力便在于：在人格尊严喑哑死寂的漫漫岁月里，李白的这一句是一道宏丽的呐喊；在人格尊严几近于无的强权社会中，李白的这一句是一座伟岸的矗立。它撞开死寂，冲开沉积的"秩序"，灼然一道，刺破苍穹，照亮黑沉的历史！时至今日，当我们的人格尊严受到轻慢的时候，吟诵李白，仍然感到气为之舒，眉为之扬，骨为之立。

太白风骨，千古不朽！

李白的人格独立与生命意识，对于缺乏丰富社会阅历与深度历史理解的高中生而言，是很难触及和体悟到的内容。而这些又恰恰是一个人最终成熟独立、活得有尊严有价值非常重要的内容。对"摧""折"的敏感与发现，其实来自生命里对人格尊严与生命意识的深度体认。人格独立与生命意识，其实也是写作的根本之源。万千文字，千回百转，都是基于这两点而汩汩泻出。切中自身生命，发现才能新颖独到，酣畅淋漓。阅读如此，写作亦然。阅读也罢，写作也好，其实都是拿自己生命里的那些"东西"与外界去"撞"。一撞，读与写的精彩内容便都有了。

在日常生活中，我常常将那些源自生命里的发现，写出来与学生沟通。

鲁迅先生真是太耐读了，只要这世间还存有悲凉、愚昧、欺骗，先生的文章便总会显出勃勃生气与穿透力量！世事总是会把先生远去的灵魂重新召回。

早晨起来，一轮红日挂在林梢，然而它似乎被这强大的寒气冻住了，红光闯不出寒气的围困。一向强大的太阳的"窘困"反而大大地激励了我。我想我该热情洋溢、富于价值地活在这寒冷的人间。

旅行不是贪婪地把眼睛送到更多的地方，而是要看我们如何将风景化在生命里。

我甚至也会把教学中的一些"发现"，拿出来与学生分享：

所谓师生，真实而具体的含义是彼此交换过精神礼物的人！人会变，但精神的底子很难骤然改变。不但不变，而且这个"精神"的东西似乎还在一天天加深！岁月流逝，师生，就是靠这份精神的底子彼此怀想的！所谓师生，就是在上帝天空的花园里一起尽情玩耍过的伙伴！

所谓师生，不是我们一般意义上的"教过"，而是一起"体味过"，"怀想过"，"留恋过"，"动情过"，"活过"……

我就是想通过自身的生命形式，通过一个活在学生身边的"人"，启发学生充分感知进而深度理解"生命中的发现"对于一个人，对于写作到底意味着什么。"人"与"写作"是如何高度交融在一起的，彼此难以疏离。即便我们的语言暂时还有些不"漂亮"，其实也是不打紧的。因为，所谓的漂亮，可能只是暂时旋舞着的轻浮的而终会破碎的泡沫而已。学生的"生命"与"发现"，在某种程度上说，正是被教师一步步开启的（当然，也可能是被教师一步步窒息的）。教育，是唤醒；写作，又何尝不是唤醒。

有了生命中的发现，学生的写作才能得到真正意义上的改观与提升，才打开了学生写作的真正源头。"人"的畅快，就是文的畅快；"人"的发现，就是文的质量。这才是高考作文备考，真正应该走的提升变化之路。

当学生的生命开始绽放的时候，我们必定会发现或静静或欢畅地流淌于他们笔端的美好而清新、隽永而深沉的文字。2012年11月北京降下大雪，高三期中考试的时候，我的学生唐诗梦在她的考场作文中写道：

> 我被这白色大地上笔挺的白杨征服了！此时我蓦地想起，一位远居他乡的俄罗斯作家，曾站在茫茫大雪中久久凝望着树木。他一直深信，雪与树是他祖国的灵魂。那位作家也一定为此景折服过，而他发现，这雪与树正如他那幅员辽阔、文化粲然却苦难深重的祖国。

当我的眼再次定格在这宁静的雪景上时，我发现我的眼中已噙满热泪。

文字是一条路，沿着它必定可以走进旭日下群峰耸立的"人"；"人"是冰山雪水，消融他，必定可以潺湲成一条波翻浪涌的文字的大河。我们期待一篇学生的上好的高考作文的出现，就是在静静期待并欣喜于一个生命不断生长并且逐渐散发出成熟金黄的气息。

教育与写作，需要的核心气质是——优雅。

用生命去匹配

——所谓文章，不外乎就是生命之海里的波澜
与浪花

一

前不久，去一所学校和老师们交流作文。在座谈的过程
中，老师们表现出对写作模板特别的关注；老师们期待能够利
用一种模板，把学生的写作一句一句地"管理"起来，有所匡
导，这样许多学生便可以有话说，句句入彀、段段规范，从而
取得较为理想的分数。老师们问："连老师，你可曾有这样的
好东西？"

老师们亟欲提升学生的写作能力，此种急迫恳切的心情是

让人感佩的。现在不少学生的写作状况着实堪忧，这种不容乐观的作文现状可以从老师的言谈中充分感知。老师们因此迫切地希望找到一条有效改善写作状况的途径。写作中，思维的触动与发展确实有一定规律可循，但那种完全画好格子、做好规定、千人一面的写作模板，很难激发学生的写作愿望进而改善学生的写作状况。可以说，教师的此种"改善"其实进一步恶化了学生的写作生态。在简单乏味、枯竭滞涩、厌倦无聊的写作状态下，学生"文"的样子可想而知。

二

对此，我们不妨结合近年高考作文的命题实际，做出相关思考。2012年高考北京卷作文材料讲了有关巡道工老计的一段故事：

老计一个人工作在大山深处，负责巡视铁路，防止落石、滑坡、倒树危及行车安全，每天要独自行走二十多公里。每当列车经过，老计都会庄重地向疾驰而过的列车举手敬礼。此时，列车也鸣响汽笛，汽笛声在深山中久久回响……

故事说完后，题目的要求是：

> 大山深处的独自巡视，庄重的敬礼，久久回响的汽笛……这一个个场景带给你怎样的感受和思考？请在材料含义范围之内，自定角度，自拟题目，自选文体（诗歌除外），写一篇不少于800字的文章。

考完语文的当天晚上，就有学生来电话问我写责任行不行。听到如此询问，我当时心头便是一震。责任固然不错，但考生朋友们会不会当作简单的宣传口号来写？会不会无话找话地写？会不会枯瘪干涩地写？会不会因为对事件模式化的判断理解而高度雷同地写？责任也罢，执着也好，坚守亦行，但就我的教学经验看，考生朋友很容易流于浮泛的概念化的简单图解。从后来没有满分作文的状况看，我当初的预感并非多余的。责任、执着、坚守，这些字眼对我们的学生而言，绝不陌生，但也仅仅流于简单模糊的一个概念。这样的一些概念，其实一直没有进入学生的生命里，没有和他们发生真切实在的生命交换。试想我们不少学生经过多年"教育"，已经甘为"复印机"，做"复印机"既简单又有效，所以责任、执着、坚守，一概是可以请屈原、司马迁来助阵的。简单机械的套作，在高考作文中已经颇具"规模"。隔绝体验，隔绝热血，隔绝肺腑，隔绝生命，产生的便是牵强附会的既空且假的话。老计与我们的考生之间其实什么内在的联系也没有，文章没有内在涌动的情脉，就不可能产生铿锵的论证，也不可能有震动人心的内容。

深入探究一下老计的责任，恐怕并非如我们惯常理解与谈论的那样。我们惯常理解与谈论的责任是覆压式的，是由上而下的，是肩负式的。尽管伟大，却是沉重的、艰难的、苦痛的，甚至是挣扎的。但这一切显然与老计的状况有所不同。老计一日巡行二十多公里，不见有怎样的苦痛与劳累，不但不显憔悴与疲倦，每当火车驶过的时候，老计还举手向火车行礼致敬。老计心头涌动着的是一腔豪情。这是怎样的一个震撼人心的场景啊。苍然老者，凝重而神圣地向那急速而过的火车致敬。他不仅是在向列车致敬，他更是在向一车厢一车厢从自己眼前、在自己平凡而重要的工作里恬静迅捷闪过的无数陌生而重要的生命致敬。这无数重要的生命都与自己相关，都与自己的巡视与价值相关。自己是有限的，但无数重要的生命将自己的有限延展扩充、引带勾连到大山之外无限开阔的世界中，这个渺小的自己怎不重要？这个普通的自己与大山之外无限的广远相连。一个人投注自己生命的敬意与庄严做事，他本身便已铸成了雕像，更何况还有虔诚、庄重的敬礼！巍巍群山，蔼蔼松柏，深谷大涧，遥遥长轨，它们都成为老计庄严生命的参与者与见证者。

我想，我们的列车司机一定是被这山间庄严的有关"人"的风景深深打动了！我们的司机或许起初并不曾关注敬礼的老计，久而久之，司机发现山间的风景无数，但自然风景与心灵风景配合谐契得如此完美的，恐怕并不多见。我们的司机拉响了火车的汽笛。这个现代、桀骜、一日千里、风驰电掣、头曳蓝天、身拖巨尾的庞然大物，向群山之间这位无名的巡道工气壮山河地鸣笛致敬。我们的司机与这个雷霆万钧的钢铁灵魂一同加入并行驶在了这庄严之中，他们本身变成了庄严的一部分，他们本身在汽笛长鸣与铿锵有力中成就着庄严。他们在老计庄严的敬礼中，摆脱了平凡的人生处境与冰冷的钢铁身架，脱胎换骨，有血有肉，在日日的行驶与机械的奔驰中，发现了自我的庄严。

我想，那一位位或临窗眺望或寂然沉思的乘客也会被这庄严的敬礼与自豪的鸣笛深深感染，然后不自觉地"旋"进去，无数的乘客有可能体会到"生命庄严"这个平日里深奥且不着边际的概念。

老计将日日的惯常、将深山的孤寂、将平凡的简单奏成了自身的铿锵，这简单而纯粹的庄严进而感染震撼了火车司机以及轰然而过的节节车厢中的人……敬礼与鸣笛以群山万壑为背景，以葱茏草木为舞台，以天地宇宙、日月星辰为观众，辉煌上演。现在在老计身上呈现与彰显的似乎已然不是一般意义上的"责任"，因为它不是覆压式的，而是喷薄式的；它不是由外向内的一道力量，而是由内向外的一股冲击；它不是艰难佝偻式的，而是冲决奔驰式的。我把这样的一种在自身生命价值确认的基础上形成的既凝然汇聚又向外冲决的力量，称为生命的尊严。正是因为这尊严与无数陌生的生命相关联，所以一个平凡朴实的身影便具备了无限的高度与影响人、改变人的强大力量。

生命的尊严，在大山深处轰然驰过，有山河为证，驶入滚滚红尘的人间！

面对作文题，我想到了生命的尊严，其实这不是偶然的。为文的功夫，其实在文外。我记得女儿两岁的时候，我曾带着她去北戴河玩。去得有些早，就和她一起在月台上玩耍。小家伙，一走路摇摇摆摆的，正是招人喜爱的阶段。这时，一位戴大檐帽的年轻乘警主动走过来，快乐地将孩子带到他的游戏中。这位乘警是一位参加工作不久、还未长大、童心未泯的阳光大男孩。他热情随和，蹦蹦跳跳，自己本身就童趣十足。玩了一会，火车要开了，我带着女儿与这位乘警叔叔（其实，不如说是乘警哥哥）挥手告别。上车不久，列车缓缓启动。我抬眼望向窗外，月台缓缓地自我眼前滑过。突然，我看到了刚刚和女儿玩耍的那位年轻的乘警。他身形挺拔地站在月台上，举臂正在向驶出的列车庄严敬礼。他目光灼然，似乎眼前缓缓出站的列车与滑动而过的乘客都和他有着某种重大的关联，他分明沉浸在一个自己的仪式里。我的心头不觉一震，先前那个稚气未脱、亲切随和的大男孩一下子不知消失到哪里去了。这位年轻乘警的高贵耸立与深情流动，让他从瞬息闪过的背景中一下子凸显出来，原来一个人，即便是一个普通人，他也可以用自己心头的力量与职业的光芒将自己雕塑成像。这是我时至今日最重大的人生发现。

后来，有朋友和我讲过这样的一个故事。那是十几年前了，朋友买了些家具，找了一位蹬平板三轮车的师傅，请他帮忙运回家。当时夏始春余，凉爽的风拂动着这位师傅的衣衫，师傅欢畅地蹬起了车。朋友坐在后面的平板上，道路轻快流畅地自他的眼前滑过。师傅是位地道的北京人，他熟稔并安享这里的一切。他越蹬越自如，他越蹬越欢快。街道、店铺、微风、柳影……这一切仿佛都是他生命里的东西。他像一条鱼游在自己的海里，他像一只鸟飞在自己的群山里。他人车一体，游刃有余，他睥睨一切，得心应手。朋友和我说，从来没有见到一个从事普通辛劳工作的人居然可以这般快活，他分明在这简单的劳动工作里找到并实现了自己，这位三轮车师傅分明便是这个城市的一个中心。他尊严感十足地一路潇洒，一路前行。

这两个来自我生命里的体验，是我觉察理解、感悟书写老计的基础。有关老计的表述与议论自然需要语言基础、思维基础，但就我个人的真切体悟而言，我以为更需要的是生命基础。而生命基础的欠缺与匮乏，正是我们现今高考作文备考最大的症结与短板。高贵才看得见高贵，云儿才听得懂云儿，一颗心才能发现另一颗心。将写作仅仅归为一种技巧与能力，是对写作很大的伤害。我们的学生，整日锁在封闭的——不仅环境封闭，恐怕思想更为封闭——学校里，像一架机器整天做题，缺乏生命深处一次次真实的体会与确认，这便造成了生命内部的贫乏与苍白，而这正是我们面对高考作文题无言以对的一个根本原因。我们备考最大的两件法宝便是做题和补课。因为做题与补课，是现实里许多备考决策者至今能想出的最佳策略。在生活的过程里，他们其实很少或几乎没有获得过生命的体悟。他们"活"在眼睛能看到的一件件具体的事里，在事里"活"岁月。

2012年高考后，北京卷爆出当年高考作文没有满分的消息。现在想一想，或许确实在情理之中。读出题意，对考生而言并不难，但对坚守和责任既假且空的论述，要么古人肤浅助阵，要么语言飘忽乱粉饰，确实令阅卷者心生烦厌。文的死气沉沉，其实归根结底是学生"人"的死气沉沉。打一个令人痛心但或许可以说明一些问题的比方，假如将"夏瑜被杀"看作一道高考作文题，一些学生如若只是老栓、小栓之流，那么在他们的眼中，除却"那三三两两的人，也忽然合作一堆，潮一般向前赶；将到丁字街口，便突然立住，簇成一个半圆"的情景，以及自我的买药治病的现实利益，他们还能见出些什么呢？

三

生命里忽视甚至欠缺的东西，孩子们靠什么写得出?！高考作文中的一些优秀题目，其实是需要我们的孩子用自己的生命去与之匹配的。

2012年高考上海卷作文题触及了"微光"这个概念，命题说：

> 人们对自己心灵中闪过的微光，往往会将它舍弃，只因为这是自己的东西。而从天才的作品中，人们却认出了

曾被自己舍弃的微光。

其实，有过"微光"体验的，都是不麻痹、很敏锐、有触角、能发现的了不起的心灵。不管是记录下来，还是将其无奈舍弃，"闪现过"本身便已经具有重要的价值。只有"闪现过"，才有可能"从天才的作品中，人们却认出了曾被自己舍弃的微光"。这时我们无论是感喟、惊叹，还是痛惜、懊悔，其实都是充满生命质地的美妙体验。但我们不能不说的是，或许相当一部分学生严重缺乏"微光"的体验。当我们的考生在考场上面对这样一个命题的时候，其实在生命的内部是惊慌失措无以应对的。我们的考生与这样的作文命题在生命上是不对等的，是有不少隔阂的，是需要凭借"资料"强拉硬拽的。在高中三年，乃至更长时间的上学过程中，我们只是不断地写作文，却几乎不怎么重视心灵世界与精神世界的成长。看我们高三学生的作文，那真是触目惊心：活过，但无感受；长大，但无思考。那么多重要的成长从学生整日的繁忙里轰然泻去，但我们的孩子对此却无知无觉，任其所为。我们只想：我们的分啊！这些情况，让人焦虑啊！我们用简单且世俗的"有用"与"无用"剔除了人重要的内部世界的发展。

2012年上海卷公布之后，赵志伟老师在自己对命题解读的文章中写道：

今年高考之前，不少语文教学专家根据他们观察到的所谓出题"三年一变"的规律，预测到今年可能会换成命题作文。弄得一些教师、学生甚至家长惴惴不安。其实依愚所见，考生和指导教师的头脑要清醒一点，要与题目保持一定的距离，不要让自己被人牵着鼻子走。夸父追日般跟在题目后面转，永远有被耍弄的感觉。（《读书多积累　文章能发光》）

诚如这位老师所言，这，其实正是我们很真实的备考现状。我们不少的老师热衷于打听每年高考题目变化的状况，热衷于估测今年是考材料作文还是考命题作文这些"重要的事情"。生命中，心灵的成长过程中，自己既乏"微光"，更不要说重视学生的"微光"了。题和练，几乎占据了高三师生所有的工作学习时间，其实也可能占据了高三师生所有的心灵空间。师生都不思考也不感悟，这样的现状无疑是可怕的。

应考的孩子们没有"微光"却硬要其写"微光"，我们不让孩子们胡说乱说瞎说拖沓着说牵强附会着说，难道还要人家交白卷吗？

重视"微光"，其实就是重视起我们师生的生命价值！在学习中，在我们师生的生命过程中，"微光"对我们每个人而言，都是极其重要的大事！熄灭了"微光"或从未闪耀过"微光"，我们的生命其实便是真正意义上的"死气沉沉"。

在我们与学生相处的过程中，自然也包括教学的过程中，我们师生应该以"微光"彼此照耀和相互吸引。课堂，应该是"微光"闪耀的地方。每年 5 月底，又一届毕业生即将离开学校，他们也即将面临高考，我们大家都渴盼成绩，但我更想对大家说的是：

> 我们将永远热爱天空和大海，我们将永远热爱世间那些站在黑暗里高贵而庄严的灵魂。我们无论走多远，心中永远有大地和河流！有苍生，有世界！曾经种下的，我们将加倍呵护并用心体会。岁月流逝，我们的生命却总不结茧！

我们师生应该用自然闪耀的"微光"彼此温暖，相互激发，共同对抗冰寒枯涩的强大"现实"。不管高考卷出不出这样的题目，我们都应该从这个题目开始，诞生微光，珍爱微光，让不断闪耀的"微光"晶亮璀璨我们的生命过程。

四

让我们的生命质地与作文的内在要求，以及生命内在的张力与表述的渴望相得益彰。一味迷信所谓练习，简单地盲目地不断练习，还有无穷无尽、昏天黑地地为学生补课的行为，实则离高考高分作文备考的应有之义越来越远了。激不活学生的身心，张不开学生的耳目，闪耀不起学生的"微光"与创造力，就不会有理想的高分作文出现。

我们应该力求让师生的生命更丰富也更深入，用生命的真实质地去与命题相匹配、相呈现，这样我们才会撞出佳作。

我们真正发展了，作文自然得到发展；作文发展了，我们的生命也波光闪耀，水汽淋漓。

所谓文章，不外乎就是生命之海里的波澜与浪花。

高考命题
给予我们的
启示

高考作文命题引发孩子的青春思考

2011 年各地高考作文命题有一个重要的特征，便是愈加关注孩子们对自我生命状态的思考与建设，关注孩子对青春与成长的思考。青春与成长，对每一个孩子来说，都是很重要的事情。青春与成长可能会经历许多波折甚至走弯路。青春与成长不简单。

对写作，不少家长一直存有误解，常常将写作仅仅与考试选拔、词汇量的丰寡、是否具有小情调、技能技巧简单地联系起来。其实，写作从来就不是一件简单的事。写作，与人的自身生命状态密切相关，与一个孩子的日常思考密切相关，与一个孩子的个性状态密切相关。生命的空白往往导致了写作的空白。写作考查的不仅仅是语言文字，还考查孩子关注什么，思考什么，理解什么，实现什么……令人兴奋和喜悦的是，2011

年各地高考作文不约而同地将命题指向了对青春状态与成长状态的思考与建设上来。高考作文引发了孩子对青春与成长的深度思考。大体上，这些思考涉及如下几个方面。

引导孩子思考并探求成长的意义与价值

代表性的命题有："期待成长""总有一种期待""情有独钟""这世界需要你"。"期待成长"，重点要阐明的是何为成长，因何期待。这显然要与孩子对成长的相关思考联系起来。成长中有几多奋进，又有几多困惑与茫然？成长可以帮助我们完成与成就些什么？为何我们对成长心存期待？这些思考都在题目要求的范畴之内。"总有一种期待"该如何理解？孩子们作为不断成长与发展的青春生命，天天都在变化着，在这变化中"总有一种期待"是一直相伴的。这不变的期待，对于成长中、变化中的孩子到底意味着什么？这是考生写作中必须面对与思考的问题。青春的情，是丰富且多变的。在成长的过程中，怎样的事物，能够让多变且旖旎的青春情久久凝聚在一起，牵动灿然的情思呢？这是考生面对"情有独钟"需要回答的问题。成为一个怎样的"你"，才可从容面对这日新月异、突飞猛进、危机四伏、矛盾重重的世界呢？当这个"你"面对世界、面对众多的挑战时，该具有怎样的情怀与素养，生成怎样的能力与气度，才契合世界对"你"的需要呢？"这世界需要你"需要的正是这样的一些思考。"你"可以平凡，但"你"必须持有一份责任；"你"可以我行我素，但"你"必须心中存有别人。

可以看到，以上这些命题都需要我们的孩子对"青春年华"有所思考和理解，有所建设和安排。即将成年的他们不该只是父母的宝贝，不该只是平庸的生命。他们不能只在父母建好的温室里，单纯地享受生活。他们已然长大，社会和世界都对他们提出了更深远更宏大的要求。

界定平凡与平庸，构建有价值的青春生命

代表性命题为"拒绝平庸"。题干中提示并强调说："不避平凡，不可平庸。为人不可平庸，平庸则无创造，无发展，无上进；处世不可平庸，因此要有原则，有鉴识，有坚守。"这个命题可以说是针对孩子的现状有感而发的。对于孩子的青春生命具有积极的建设意义。现在相当一部分孩子，愿意享受生活，但是不愿艰苦创造生活；愿意不断做梦，但是不愿通过坚实的步履去圆这个梦。许多孩子难以区别平庸与平凡的本质差

异。某重点中学的墙报上，学生用醒目的大字写着他们的生命宣言："神马都是浮云，快乐才是王道。"这样的现象其实有一定的普遍性。我们看后，不禁会想，假如什么都是浮云，快乐恐怕便很难产生了。真正意义上的快乐，往往是和奋进与创造联系在一起的。世间如果皆是认为"神马都是浮云"的生命，那么快乐一定很快就会消失，灾难一定很快便会到来。如果平日里我们的孩子，缺乏对有价值的青春生命的较为深入的思考与认识，考前，仅靠一些写作技巧和所谓时事热点来支撑自己的文章，这样的写作状态（亦可说是一种生命状态），自然是无法很好地应对要求思想深度的作文命题的。"拒绝平庸"这一作文命题，应该说是给有思考、有辨识、有坚守的学生准备的，恰恰将了混沌无为的生命一军。

青春的生命，不应仅关注自身，更应关注社会，做到有所发现有所思考

2011年高考北京卷作文命题是从世乒赛上中国一球独大的现状入题的。面对此种状况，师生展开讨论，见仁见智，意见纷呈。此题，孩子们可以就世乒赛本身展开讨论，亦可将相关的道理迁移到社会生活的方方面面。命题颇具价值的一面，就

是没有限定孩子的思考，正面的建议可讲，负面的意见亦可讲。在此基础上，还考查孩子是否可以通过思考，独立判断，在一个现象上，能否产生个性化发现。青春生命不应该仅仅是感性的，个人的，羽翼下的，稚嫩的，被安排的，两点一线的，关注知识的积累但却缺乏个性化发现与思考的……

如何看待时间，就是如何看待生命

一个有价值的生命对于时光的消逝，应该持有适度的敏感，甚至应该产生适度的焦灼。一个有价值的生命，一生面对的一个根本课题便是：如何有效利用好这一生的时间。一个有作为的人，其实一生都在与时间拔河。这场与时间的比赛，尽管最终是要输的，但挥霍时光混茫无知与尽力而为感悟生命，是两种完全不同的生命状态。青春是美好而短暂的，一个优秀的孩子该对生命与时间形成真实而有价值的认识。"时间在流逝""我的时间"，考查的正是孩子们的时间感。"我的时间"是命题作文，题干中说："季羡林等文化名人的成功是不可复制的，他们以及他们的成就在消失不见，我们每个人都有自己的时间。请以'我的时间'为题，写一篇作文。"面对不断消逝、无法追回的时间，不同生命价值的人会有完全不同的感触。写作，表面上是考怎么写，内里却是考孩子怎么活。我们坚信一个更有"活着"意识的孩子，面对这个题目会完成得更为出色。

引导孩子对人生中主客体位置进行相关思考

许多孩子，是家中的独子，是父母的宠儿。我接待过许多面对孩子战战兢兢的家长。我们交流完毕，家长一般不会忘记叮嘱我一句："您可千万别告诉他（她）我来过啊！"我们的孩子从小就受到社会、家庭、学校的热切关注。许多孩子没有经历过生活的考验，一切都是水到渠成。家长、老师对他们一直以来呵护有加，热情赞美。在华宠与荣耀的成长环境中，一些孩子自我主体意识极强，但客体意识却十分薄弱。2011 年高考湖南卷的作文命题是这样的：

某位知名歌唱演员在接受中央电视台采访时谈到自己的变化：过去她出场面对观众说的第一句话是"大家好，我来了！"，而现在她说的是"谢谢大家，你们来了！"。

也许类似的变化曾经发生在你的身上或身边，也许你对此有自己的感受和思考。请自拟题目，写一篇不少于 800 字的记叙文或议论文。

这个题目尝试引导孩子换位思考人生中的主客体位置。有客体意识的学生，通过对比知名歌唱演员前后两句话的不同表述，应该很快就可以体察与把握命题意图。对命题意图把握迟钝，实际上是对别人感受、感知上的迟钝。

"这世界需要你"可以说与上面的这一命题异曲同工。不同的是，上面的命题，希望的是当我们的孩子面对光环与荣宠时，能够将强烈的自我主体意识转化为尊重别人的客体意识；而"这世界需要你"，希望的则是我们的孩子面对责任与奉献的时候，能够将躲避畏缩的客体意识转化为积极主动、有所担当的主体意识。

主客体意识的转换不容小觑，因为它关乎成长，关乎一个健康生命的建立与发展。

引导孩子理性看待传统

现代社会日新月异，新产品、新词语、新理念、新思维等层出不穷，时时翻新。面对如此频繁快速的"新"，该对旧有的、逝去的传统以及古典文化持怎样的一种态度呢？一个现代人，如何在不断迎接新课题、新挑战中做到步履稳健，阔步向前，而不是迷幻困眩于"新"的五光十色、五彩霞霓中，不知所措，这是孩子们要面对的一个课题。高考作文命题"旧书"，希求的正是孩子们在面对奇炫无比的新事物的时候，在迎接新挑战的过程中，能够对旧有传统与古典文化做相关的思考与探索。

考察高考作文命题，我们会进一步理解写作与孩子青春状态、成长状态、思维状态的密切关系，我们会惊喜地发现，2011年高考作文命题的一个突出特征是，将写作充分地指向了孩子们个体生命质量的构建与思考。这样的命题趋势，能启发、引导更多的孩子开始对自身状态进行反思。面对高考作文这样的考查趋势，我们的孩子在作文备考的过程中，就绝不能只是背些名言警句、搜集些新闻热点便希求高分。我们的家长朋友，更应该以写好高考作文为契机，开始关注孩子们的青春状态与成长状态。

引发思考，建设生命

命题关注考生自身的思维品质与思考质量

高考作文曾因为语言徒有其表，花里胡哨，受到许多人诟病。2011 年的高考作文命题追求并关注考生自身的思维品质与思考质量。代表性命题是天津卷的"镜子"。题干要求从望远镜、显微镜、反光镜、哈哈镜、三棱镜中至少选两种，谈自己的感悟与观点。考生要想成功地完成这个题目，首先要洞悉五种镜子的基本特性。望远镜，看得远。显微镜，见得细。反光镜，可以扩大视野。哈哈镜，是通过夸张变形，起到调剂、诙谐的效果。三棱镜，引发我们多角度多侧面地关注问题。五种镜子的基本特性搞清楚后，方可择取至少两种镜子，协调关系，明确主旨论题，展开论证。比如选择望远镜与显微镜，构成的论证题目可以有下面几个。①我们既要"望远镜"，也要"显微镜"。我们看问题，既需要有长远的眼光，也需要有局部、深度关切的眼光，二者缺一不可。②我们需要"望远镜"，来帮助"显微镜"。看问题，如果一味关注细节与局部，而缺少了整体的、长远的眼光，会严重影响我们对局部的正确认知与判断，我们很有可能在对细节的过分关注中，失掉了长远。由此可见，命题中包含的信息是何等丰富，对考生的思维品质与思考质量是有很高的要求的。

命题引发考生积极思考社会生活；命题关注热点，但不囿于热点

高考，是为高校选拔优质生源。现代社会，优秀所包孕的核心价值之一，便是要求人们能够积极吐纳社会空气，面对我们的现实社会与现实生活，产生富有价值的思考，构成自我独到的发现。面对丰富、活跃的社会生活，寡思冷漠的青年人，一味沉浸在自我中的考生，都够不上现代意义上的"优秀"。在这一方面，2011年高考京派与海派的作文命题可以说英雄所见略同，都将命题的核心恰到好处地指向了丰富、活跃的社会

生活。不同的是，京派命题，在题干①上便将社会生活彰显出来，而海派则采用了将社会生活包孕其间，不具体言明的方法。上海卷的"一切都会过去""一切都不会过去"，命题实质是希望我们通过"忘记与铭记"来梳理、思考近年来我们面临的诸多社会现象与社会问题。京派与海派在命题技巧上同样高明的是，既引导考生关注热点，又绝不囿于热点。考生可以由热点出发，将思考迁移到社会生活与个人生活的方方面面。从这些可喜的变化，我们可以看到高考命题日趋走向成熟。

命题引发考生思考自身，促进考生对青春状态与成长状态的关注与思考

这可以说是 2011 年高考命题最为显著的一个特色。高考

---

① 阅读下面材料，按要求作文。

鹿特丹世乒赛结束后，师生们一起议论：

生甲：太好了，中国队又包揽了全部冠军！这叫实至名归。竞技体育就得靠实力说话。生乙：但我更愿意看见外国选手成功挑战中国名将。一个国家长期垄断某项体育比赛的金牌，其实并不利于这一项目的发展。生丙：有人主张中国队应让出一两枚金牌，我不赞成。如果故意输球，就有违公平竞争的原则与奥林匹克精神。

老师：同学们说的都有一定的道理，有些道理不仅体现在乒乓球运动上，也适用于其他社会生活领域。

要求：根据以上材料，自选角度，自拟题目，联系实际，写一篇不少于800字的文章。除诗歌外，文体不限。

既为选拔服务，更为平时的教育教学服务。引导学生思考自身，对自我的青春状态与成长状态进行关注与思考，这对于促进学生成长，帮助学生校正成长，一定会起到积极的作用，发挥出巨大的能量的。例如，"情有独钟"，我们的青春到底该对什么情有独钟；"总有一种期待"，那我们的青春期待中到底是哪一种始终伴随着我们，一直未曾改变呢；"这世界需要你"，那么，怎样的一个"你"才配得上这浩大无边、丰富多变的世界呢；"拒绝平庸"，则试图让考生通过辨析平凡与平庸的差异，对有贡献、有创作、有价值的生命状态表示敬意。以上这些命题，都与考生的成长积极相关。是2011年高考命题的亮点。

以上三点认识，为学生今后的写作与学习提供了三点借鉴之处。

第一，关注分数，更需关注自身的成长。高考对学生的青春状态提出了明确的思考与观照要求。

第二，写作，是一件与思维密切相关的事。备考中，一味卖弄辞藻，言不达意，对自我与生活缺乏深入思考与关注，缺乏思维训练，靠机械记忆，孤立地学习技巧，不能充分支持学生写好文章。

第三，积极关注日常生活与社会生活，有效思考，做一名能思考、会发现的现代人，是高考对学生的积极要求。

从教育的角度预测高考作文

　　每年高考前，高考作文将会如何命题，将以怎样的面貌出现在众人面前，都会成为人们热议的话题。高考作文命题预测，往往是从命题技术以及社会热点这些层面进行的。但高考不仅仅是场考试，它可以反映出一些有价值的教育思考。高考作文，一定会从有利于衡量与促进孩子成长与发展的角度来设计命题。从教育的角度切入，我们或许对高考作文命题会有更准确的预测与把握。

高考作文希望让有个性、有判断力的孩子脱颖而出，因此高考作文的开放性将进一步加强

　　2011 年北京卷的命题（详见第 77 页脚注①），一个最显著

的特征便是将我们此前既定的不容讨论的话题打开，允许考生发表独立见解，甚至允许考生发表与社会主流认识相反的观点，高考命题的开放性显著增强了。命题是就鹿特丹世乒赛中国队包揽全部冠军展开的。一种意见是："太好了，中国队又包揽了全部冠军！这叫实至名归。竞技体育就得靠实力说话。"另一种意见是："但我更愿意看见外国选手成功挑战中国名将。一个国家长期垄断某项体育比赛的金牌，其实并不利于这一项目的发展。"截然相反的两种价值判断，给考生启发，供考生参考。如此命题，在曾经的一段时间内，是不可想象的。体育赛事与国家荣誉紧密联系在一起，体育比赛的胜利往往成为国家强盛与国际地位日益提高的一个象征与标志。在这样的背景下，中国队包揽冠军，岂容讨论！所有的考生只能异口同声，赞歌连连。这样的垄断式的判断，往往会掩盖个性的声音，往往会消除相反的观点。从教育的角度考虑，这对培养有独立个性与见解的孩子是不利的。2011 年北京卷的高考作文命题，恰恰为考生的个性化判断提供了平台，提出了要求与希望。

与此同时，允许考生进行独立价值判断，并不意味着考生的观点越奇特便越好。首先，不是越奇特的观点便越正确。其次，真正独到的观点，背后需要的是一个完整而缜密的论证过程。而此种论证过程的呈现，恰是许多孩子的短板。不少孩子在意的往往是观点如何标新立异，如何与众不同，甚至刻意以"奇异"为能；对如何较系统地证明观点，反而无能为力。此外，在今后的高考作文命题中，很有可能就某种现象、某个问题给出不同的观点，考生于别人的"各抒己见"中确立自己的观点，这需要考生的冷静判断与综合素养来支撑。

高考作文命题会逐渐为孩子提供讲真话、展现独立见解的更为宽广的平台，这种趋势提醒我们：孩子们既要具有说真话的勇气，也要具有说真话的能力，更要具有说真话的素养。

高考作文命题的开放性不断加强，这要求孩子在成长的过程中形成自己独到的探究领域。例如，2010年高考湖南卷作文要求"以'早'为题，写一篇不少于800字的记叙文或议论文"，一位考生写道：

先人们最初写下"早"字的时候，心中一定伴随着无限的憧憬与激动。

你看，"早"上面是一个"日"字，那是诗意的朝暾，是喷薄的一轮红日；下面呢，是一个"十"字。从文字起源上说，它所模拟、所指示的是一个树梢形象。红日跃上树梢，曙光照耀河山，人间迎来一天中最美丽的时刻：早。

　　久久凝视这个"早"字，心中顿时有一种莫名的温暖。这个看似寻常的字，隐隐约约传达着一种向往，一分力量。

　　这位考生是从汉字造型的角度展开全文的。这个角度新鲜独到，带着隽永的先民寄托与炽热的文化温度。从汉字意蕴的角度，表现"早"的内涵，在考卷中显然是不多见的。而命题的开放性为考生此种表现提供了充分的可能性。以"早"为题，其实仅仅限定了一个思考的大体方向。"早"内涵的丰富性，表现角度的多元性，都为考生个性领域的展开准备了充分的条件。

　　高考作文命题的开放性进一步加强，将给考生更多的自主性。我们希望更多的孩子，经过独立思考，写出富有个性特征的、有价值、有见识的作文。

**　　高考作文希望孩子逻辑清晰，说话有条理，对较复杂的事物有抽象概括能力，因此高考作文的思辨性将进一步加强**

　　现代社会需要一个人论证表达逻辑清晰，有条有理，言之有序，对事物有抽象概括能力。因此，高考作文命题一定会非常看重对孩子们此种能力的检验的。2011 年高考天津卷作文命题，是从 5 种镜开始的：望远镜、显微镜、反光镜、哈哈镜、三棱镜。"这些镜为我们打开了多维的空间，使我们的视野更加开阔，思维更加深邃，心灵更加明澈。"命题的要求是："请从望远镜、显微镜、反光镜、哈哈镜、三棱镜中至少选择两种镜，结合自己的感悟，写一篇文章。"命题这样提示考生："'镜'是认识自我和世界的另一双眼睛。"显然，对题目中 5 种镜的理解不能仅仅停留在"形象"的层面上，应该通过把握"形象"抽象概括出镜的特点。例如，望远镜，它既有高瞻远瞩、视野开阔的优点，也有无视脚下、不顾眼前的缺点；哈哈镜，有幽默大度一笑化之的优点，亦有没心没肺凡事不用心不过脑的缺点。在此基础上，依据几种镜的特点与关系，将两种或两种以上的镜组合起来，构成一个有机的彼此紧密关联的富有理性意义的和谐整体。考生在较短的时间内，完成上述理解与构建，不是一件简单的事情。实际上，高考作文对一个孩子的思维力、抽象力、概括力兼语言的准确表达力都提出了一定的要求，而且这几种"力"是彼此关联相互影响的。

思维的严谨，逻辑的清晰，表达的有条有理，对复杂事物的抽象概括能力，都是一个优秀的"人"应该具备的重要素质，因此高考作文的思辨性将进一步加强。

高考作文希望孩子在日常生活中有所理解、有所发现，因此高考作文的生活性将进一步加强

近些年，高考作文命题一直致力于引导孩子在平实的现实生活中，有所理解有所发现。之所以注重这样的考查，是因为在实际的生活中，能理解能发现，是一个孩子生命质地优良的重要特征。脱离别人的腔调，不靠所谓的材料来说话，是一个孩子有"真气"的表现。从成长的角度而言，对生活有观察有理解有思考有发现，这是一个人成熟的重要标志。同时，这也是高考作文命题希望考生越来越富于写作生机的一个必然要求。高考作文曾出过"绿色生活"的题目，题干引导孩子说："绿色，生机勃勃，赏心悦目。绿色，与生命、生态密切相连。今天，绿色成为崭新的生活理念，与每个人的生活息息相关。"命题引发的思考是：自己的生活"绿色"了吗？绿色生活，离自己还有多远呢？谁拥有绿色生活呢？在这样的回顾中，一位考生想起了自己的爸爸：

　　我爸，不抽烟，不赌博，偶尔喝点小酒就诗兴大发。总之，"无公害，纯绿色"。

　　要是在古代，我想我爸绝不会是"不肯过江东"的项

羽——他顶多是一个驾小舟随江波晃荡的渔翁；也绝不会是因为不能打仗报国而直跳的陆游——他顶多是一个在院子里种种花的"隐士"。总之，"爸不琢，不成器"。

别人家又是买房又是买车，又是高升又是提调。他却总不急，乐呵呵地"不务正业"。倒是前不久那次五百年一遇的日食将他给忙坏了。提前好几个星期，他又是买防护镜，又是计算角度选择最佳方位。忙上忙下，还约了一帮邻居来天台一起观看。可惜的是，那天下起了细细的雨，天灰蒙蒙的，壮观的日食他没观到。我见他，把自己那架旧旧的望远镜擦了一遍又一遍，乐呵呵的脸庞又有了光彩。

在作者的笔下，一位爱生活有情趣、不功利不急躁、勤劳朴实的"老爸"形象呼之欲出。观赏这样的佳作，我们不禁为小作者对生活对亲人细腻精致的观察与理解而叹服。在文章中，作者不仅表现出了个性化运用语言的能力，而且让我们体察到了对生活有感知有发现有理解的新鲜能动、活泼敏锐的生命状态。现实的平凡与冗杂，并没有消磨与钝化小作者清灵明透的心灵。

一个孩子在现实生活中，能感受能思考，能于平凡的日常生活中发现情趣与价值，能表达自己对生活独到的理解，这不就是我们教育富有成效的一个十分重要的标志吗？这样的孩子，心里没有仅仅装着"成功"与"目标"，不是浑浑噩噩之辈。这样的孩子是正常的，真实的，也是幸福的！

考查孩子对生活必要的敏感与发现，对此，高考作文在命题的内在指向上一定会有所体现。

高考作文希望孩子在上学的过程中受到真正的教育，因此高考作文的建设性将进一步加强

说得简单有趣一点，学习，不是一个不断强迫孩子们装东西然后孩子们又不停漏东西的过程！学习，是让孩子们的生命内里由一张普通的白纸变得五光十色、丰厚宽广的过程！教育，是要不断推动完整意义上"人"的发展。写作，引导"人"，也检测"人"。高考作文的准备，其实，就是孩子成"人"的不断准备，成长的不断准备，思考的不断准备，对生活充分体验的不断准备……高考作文命题的一个基本方向，是希望通过写作，将一个孩子真实的成长态势显现出来，据此进行分数评价与适当选拔。当然，高考作文命题于此，目前还有不少令人遗憾之处，但大方向是不会改变的，而且会越做越好。

"时间在流逝""我的时间""早",不约而同地将命题集中在对孩子"时间意识"的考查上面。时间,是构成生命最重要的条件,是构建人生最关键的因素。可以这样讲,时间的意识与观念,构成了一个孩子最基本也最主要的现实与未来的"发展形态"。通过对"时间观"的考查,可以基本甄别、筛选不同生命层级的"人"——时间即素质。不同的时间观,构建出不同级别与状态的人生;思考时间,即是思考人生。"时间"这样的命题,隐含着命题者这样的写作诉求:孩子们,请走回"你"的内心之中,以时间为轴心,想想你的现在与未来。

浙江一位考生写道:

> 成功不在于复制,也没有绝对的范本,只有认清自己,自主把握"我的时间",才能成就你独一无二的孤本。……我始终相信"我的时间"能给予我更多的力量,于是,我选择自主前进。

这些话,在某种程度上说,已经基本靠拢或显现了一个人的"生命生态"。因此,此位考生获取高分,也就有一定的道理了。

写作,从来就不只是个"技术活"。我们期待在建设孩子生命的层面上，高考作文命题出现新的亮点与追求。

　　高考作文命题，目前还有许多不如人意之处。在对孩子的教育中，很重要的一点，便是积极利用与开掘高考命题中有利于孩子成长、发展的那一面。其实，在这一方面，我们充分做好了，考试的那些弊端，就能在很大程度上被抑制甚至被消除。

胸中的苍穹才是笔下的世界

有关优质高考作文命题的思考

优秀的高考作文命题，笔者以为应该包含三个特征。

首先，以下三个层面，优秀的命题至少应该具备其中之一，这是优秀的高考命题应该追求与具有的高度与视野。①命题应该契合学生具有的内在生命特征与精神特征，不仅促其反思改变，而且促其发展觉醒。高考作文命题，在一定程度上应该是学生青春生命的标尺与见证。②好的高考作文命题，还应该切中社会与时代发展的节奏与脉搏，引导学生在时代浪潮面前驻足凝思，有观察，有判断，有修正，有发展。③命题还应该引领学生站在人类发展过程中所面临的困惑与挑战面前，请学生发表见解与提供解决方案。

其次，一个优秀的命题还必须将上述三个层面与本地区学生的实际情况和谐对接，择取角度，精选内容，找到恰切的对接层面与言说内容。简言之，即让命题有一个"和谐的高度"。既可让优秀的学生有开掘挥溢的空间，又可保证考生人人都有内容可写。让题目的"高度"内敛化，构建出既和缓又陡峭的命题内涵。

最后，优秀的命题还应讲究高超的命题技术。概括起来应该是：不含混，有辅助，看似平易却奇崛。先说，不含混。题目的核心内涵应该是清晰明确的，不可以让考生读后模棱两可，探究不清命题者到底想让考生谈什么，连蒙带猜地写下去。这样的状况给考生的写作和后来的阅卷都会带来很大的麻烦。再说，有辅助。题干的命制，对于激发考生的表达愿望，开阔写作思路，拓展写作空间，当有所辅助。要在不知不觉中，给考生，特别是给优秀的考生以跳板，帮助他们弹跳出优美的入水弧线。而这些扎实繁难的"努力"，必须落实在平易谨严的题干表述里。此谓：看似平易却奇崛。

如若拿上述标准考察 2013 年高考北京卷作文命题，我们便会有这样的一些发现。

2013 年的北京卷高考作文是由科学家与文学家有关手机的对话展开的，命题整体上要求学生就科学技术的发展带给人类社会的种种深刻变化发表自己的见解。有关科技与人文的思考，是当今世界性的大问题。但这样的大问题，如何让所有的考生都能感受到并且有话可说，这在命题上既是难点也是亮点。命题者巧妙地抓住了"手机"。手机是科技日新月异发展的一个象征与代表，也是北京地区学生常见常有之物。用手机切入，既让所有考生感觉到有"点"可抓，又无损命题的内在高度与广度。考生于文中可就手机的问题谈，也可超越手机，借助自己熟悉的更有感悟的象征物来谈。科技与人文的复杂关系，借助手机，在命题中得到了巧妙展现。而那个妇孺皆知的发明大王爱迪生，于文内，不过是个跑龙套的角色罢了，命题人用他来帮助考生激发兴趣，活跃思维，打开思路，展开想象。

该命题为考生提供了多样的平台与空间。熟悉科技的，可围绕着科技本身的丰富和新奇来谈。关注人文的考生，可就科技带给人类的深刻影响与巨大改变来谈。当然，也可将二者交织在一起来谈。一位考生在文中谈的是科学家的人文素养，论点有高度且具个性特征，值得称道。

该命题可贬可褒，内容自由，不限定考生的价值判断。在科学家与文学家的对话中，科学家主要强调的是：科学技术迅猛发展。"丰富的功能"和"感到新奇"，这样的措辞，是命题者的匠心所在。命题者用看似平易浅近但实际上却是"殚精竭虑"的词句，表达了对"科技发展"尽量中性的态度。"丰富的功能"与"感到新奇"不一定就好，也可以说既好也不好。文学家的表述，则更为高妙，他其实只是为考生指出了思维路径——"人们的交往方式，思想情感和观念意识"，他其实是没有"态度"，不置褒贬的。"影响"一词，从命题的角度而言，能引发思考，用得很精妙。命题者的这些努力，为考生提供了表达自我的重要支持。命题者极力要做到的是不干涉考生独立的价值判断。命题的设计与努力，是潜在题目下的细流与微澜，细细体察方有所领悟。

高考备考反思与命题启示

2013 年高考前，有不少考生、家长，也有高三老师询问我：今年北京卷作文是否会写"中国梦"。有不少考生干脆就写出了自己的"中国梦"，拿来给我看，让我评价，给出分数。这样的"中国梦"一直持续到 2013 年 6 月 6 日夜里。每次面对这样的询问，我都坦诚地讲出了我的看法：我个人认为，2013年北京卷，出"中国梦"的可能性是很小的。为了给广大考生提个醒，我曾发了两条微博，希望适度纠偏，也迫切希望大家不要简单理解高考作文的命题。

　　这几天，不少高三学生都在赶着写"中国梦"，其实，这样的备考方式本身便深可玩味！

　　临近高考，家长首先不要乱，不要慌，不要道听途说，不要草木皆兵。对孩子干预过多，可能会造成孩子不必要的紧张，甚至有可能是添乱。

我不聪明，但我有信念，不如说是有希望。一个"希望"始终在我的体内蓬勃地生长着。这个希望就是：高考作文命题，应该避免对热点社会问题的简单挪用与符号化诠释。我个人以为，这是高考作文命题不断走向成熟与科学的必由之路。写作，应该为学生的灵魂服务。这样的写作理念，应该深扎在我们每一个人的心中。

考完，有的考生、家长一看到命题中的"科学家"与"文学家"的对话，立即就想到了2013年5月杨振宁与莫言的对话。于是新的疑问就有了：文章中如若没有提杨振宁和莫言，会不会就会减分。这样的疑问，让我一下子回到了2010年北京高考。那年考的是"仰望星空与脚踏实地"，我清晰地记着，考后不久，就有考生及家长焦急地向我询问：孩子在文中，没有提到温家宝总理，这回作文是不是就要泡汤了？我清晰地记得当时的回复：文中是否提到温总理，对于这篇文章能得多少分，没有丝毫影响。提及，可能是低分，也可能是高分，关键是考生究竟写了什么。关键是考生究竟写了什么，这句话，重有千钧。

由此思及我们今后的备考，期盼着广大考生更成熟与更科学地看待写作。高考作文出什么题，不重要，也不一定猜得到，重要的是我们高三的学生掌握了什么，谙熟了什么，具备了什么。"思己"远比"猜人"更重要！现今高考作文备考尴尬的现状是，我们很少"思己"，我们对"猜人"充满兴趣。处于这种状态的人，上至老师下至学生，不在少数。

通过作文备考，不断促进学生真实的发展，这才应该是我们回归与关注的根本所在。我记得向学生强调过这样一段话：

> 你和老师学，甚至在你进入大学之后，不是学"百度知道"里的那些东西；而是通过体悟老师、同学生命里的徘徊与绽放，最终发现自己。高贵才看得见高贵，云儿才触得到云儿，一颗心才能发现另一颗心。

生命的品级与高考作文命题的品级基本相称，笔下才能款款泻出。学生对自我、对生活，日日浑噩，无所用心（大量做题和狂上晚自习，甚至不断补课，有时恰是一种退到壳里的状态，是一种逃避），不仅失掉了笔底的瑰玮奇丽，更重要的是养成了一种活法与态度，而此种活法和态度恰恰最为可怕。

教高三的时候，我和学生说：

> 看我们高三学生的作文，那真是触目惊心：活过，但无感受；长大，但无思考。学习多年汉语，仍是拉拉杂杂的家常絮语。那么多重要的成长都从我们学生整日的繁忙里轰然泻去，但我们的学生对此却是无知无觉，任其所为。我们只想，我们的分啊！这些情况，让人惊叹啊！

用一颗心，去关注"手机"，去关注"手机"带给我们的全新世界与深刻改变，有振奋，也有茫然；有欣喜，也有焦虑；有骄傲，也有恐慌……手机，给我们带来了便捷；手机，为我们招致了麻烦！手机，让我们拥有了世界；手机，让我们失去了自己！手机，让我们彼此之间更近了；手机，让我们彼此之间更远了！手机之外，科技对人类生活的改变还有许多。而这些，这一切，皆在平时，皆在我们的体悟中，皆在我们的生命里。胸中的苍穹才是笔下的世界。

基于热点而又超越热点，引导学生关注时代与人类的宏大且根本的课题，让写作的源头扎根于生活与生命的深处，笔下的千言基于日常的所得所悟……

真想对 2013 年北京卷的高考作文命题人说：不容易，有超越！我的一个中国梦是：中国人，应该更轻松地活着！人不束我套我，我何苦如此惯性地自我束缚。

2013 年北京卷借助命题，彰显了自我的品格与追求。它深刻地预示着未来高考作文命题的一个基本且重要的规律：高考作文不应该是政治提法的简单图解，高考作文应该基于热点又超越热点。命题者让科学家与文学家展开对话，这非常明显，2013 年 5 月杨振宁先生、莫言先生的相关对话是命题灵感的重要来源。但考生于考试前是否知道并关注过两位先生的对话，其实对他的写作没有明显影响。关注过，不一定就能写好本文；未关注过，也完全可以挥洒成篇。命题用"科学家"与"文学家"分别指代杨振宁与莫言，是不希望考生简单陷入一个现实新闻与热点事件里。

生活自在笔下。对考生而言，清爽的精神与活泼的心灵，是今后备考的灵丹与妙药。但此一点，只可与会心者言，不足为外人道也。

2013 年北京卷的命题为此做出了积极而有效的努力！为我们成熟而科学地备考，提供了有意义的例子。

积极的构建与丰富的努力

【2015 年高考北京卷作文题目】

从下面两个题目中任选一题，按要求作答。不少于700 字。

①在中华民族发展的历史长河中，从古至今有无数英雄人物：岳飞、林则徐、邓世昌、赵一曼、张自忠、黄继光、邓稼先……他们为了祖国，为了正义，不畏艰险，不怕牺牲；他们也不乏儿女情长，有普通人一样的对美好生活的眷恋。中华英雄令人钦敬，是一代又一代华夏儿女的榜样。

请以"假如我与心中的英雄生活一天"为题，写一篇记叙文。

要求：自选一位中华英雄，展开想象，叙述你和他

（她）在一起的故事，写出英雄人物的风貌和你的情感。将题目抄写在答题卡上。

②《说起梅花》表达了作者对梅花"深入灵魂的热爱"。在你的生活中，哪一种物使你产生了"深入灵魂的热爱"，这样的爱为什么能深入灵魂？

请以"深入灵魂的热爱"为题作文。

要求：自选一物（植物、动物或器物。梅花除外），可议论，可叙述，可抒情，文体不限。将题目抄写在答题卡上。

在文字的背后叫出"人"来

2015年高考北京卷作文的第一题，课本内的不少人物可以入题：屈原、司马迁、苏武、苏轼、辛弃疾、谭嗣同、龚自珍、蔡元培、梁启超、朱自清、闻一多……平时的阅读教学活了，此时高分作文便易于诞生。阅读，就是成长。学生先读到的是文字，读着读着，文字便退后了，"人"便出现了。这个"人"，是文中的那个"人"，是作者这个"人"，是学生这个"人"，是教师这个"人"。不能将"人"从文字里"叫"出来，教学最重要的意义便没有发挥出来。一切有效的阅读不只是接受，更是自我发现，是阅读者既有的内在经历的被唤醒和继续生长。归根结底，一切有效的教育都是自我教育，唯有当你的灵魂成为你自己的导师之时，你才真正走在通向智慧的路上了。也就是说，教育究其根本就是自我灵魂参与唤醒智慧的过程。考生笔下的"人物"与自身生命交织融合的程度，便是文章高下的程度。命题只是建构了重要的一部分，另一部分建构则取决于我们优秀的考生；题人合一，考场力作才得以诞生。

从命题的角度而言，此类题目容易宿构。笔者以为，加之以"假如我与心中的英雄生活一天"，是命题者设置的考场"防火墙"吧。和英雄在一起的一天，是不好过的！缺乏情节的安排与点染，缺乏细节的充分设置与支撑，缺乏对人物足够的理解与认识，文章便空泛了。作为考试之文，高下也便由此可以见出。

读写合璧——阅读，是为了遇到更好的自己

由阅读自然延及写作，是 2015 年高考北京卷作文第二题的一个重要特点。在现实的教学里，这样的现象还较为普遍：在阅读里侧重于掌握字词，在阅读里侧重于掌握写作方法，在阅读里侧重于掌握文学文化常识，在阅读里侧重于掌握中心思

想，在阅读里侧重于掌握答题方法……这些固然重要，但绝不是阅读最重要的目的。阅读里，最重要的，是遇到更好的那个自己。阅读，不只是个"看"的过程；阅读，最重要的意义是建构，是读者在作者"真我"的绽放与表达中渐渐感知自我、了解自我、建设自我的过程。每个人那个重要的"我"，很重要的一个方面便是在优质的阅读里渐渐地清晰与完善起来的。《说起梅花》作者写"梅花"，这一段可谓惊心动魄：

> 我怎么告诉他在万木萧瑟，大雪压境的冬天，忽然看到一树梅花迎雪吐艳时，那种惊心动魄。怎么才能告诉他，千年老梅，铁枝铜干，如枯若死，一夜风雪后，突然琼枝吐艳，那种绝处逢生的沧桑感。怎样才能告诉他，当你为情所困，辗转反侧时，突然一股梅香袭来，幽幽而来，又悄然而去，那种神魂颠倒。梅花的美是摄人魂魄的，如果赏梅在淡云，晓日，薄寒，细雨，或小桥，清溪，明窗，疏篱，再加上诗酒横琴，林间吹笛，这时候你很难再做凡人，梅花是人间尤物，人间与仙境的使者。

这是"人"与"物"高度的精神共建与生命交融。优质的文字，会直抵我们生命的内核。普通一物，一旦着了"人"的精神华彩与光照，便可以与一个人、与一个民族紧密相连。

苏菲的梅花已然灼灼其华，我们的生命之物、生命之舞又在何方？命题者在引导我们，命题者也在追问我们。可以这样讲，人类生命里最醇然的那个部分，有不少是存在于文字里的。当然，文字里也可能存在令人窒息的骗人的谎言；但谎言经不起时间的检验。在文字里锁定我们生命的高贵判断，无论是在考场还是在平时，这都是我们学习的重大意义。

题来了，用我们生命的储备与卓越的见识"迎"上去。题目不过是汉代雕塑"马踏飞燕"中的那只"燕子"而已，我们看到的是行于碧霄的那匹奋鬣振蹄的创造性的天马。

考题已然出完，它现在正安静地栖息在卷子里；但由此引发的学习方式的变革、成长方式的变革、考试方式的变革，笔者诚挚地希望这一切才刚刚开始。

积极提升学生作文的高贵品级

笔者在一线教学二十余年，拿到 2015 年高考北京卷作文题目后，最令我振奋的是这样的一句话："在你的生活中，哪一种物使你产生了'深入灵魂的热爱'，这样的爱为什么能深入灵魂？"

"灵魂"，曾是高考作文命题长期缺席的一个词。

写作，自然应该为孩子们今后的就业准备条件；但写作，更应该为孩子们精神成长与灵魂构建创造条件。一个人精神的元魂如若不能在青少年时代加以构建，入世愈深，"现实"的硬壳愈坚硬，我们便很难由此突破。我们的社会里，现在还存在着不少"精神面目"特别模糊的人，这是因为我们有关"人"灵魂的教育做得还很不够。教育，就是让孩子和我们一起觉醒，这绝不是唱高调。我们往往坚定而狭隘地认为，只有适应现实才能生活得好；其实，还有另外一条路。在屈从于"现实"的环境下，北京卷的灵魂写作，是在坚硬的现实里的一次重要挺进。它带给教育教学上的良性变化，是不言而喻的。它将引导我们的师生思考：人，何以是有灵魂的生物？灵魂的写作，对学生的成长有何重大意义？在写作中诞生的灵魂成长，对一个人的发展与未来到底可以起到怎样的作用？借用北京2015年模拟考试作文命题里的一句话：远方有多远！闪耀着人类璀璨的灵魂光芒的理想主义，其实是实现我们的目标最切近的一条路。

有人说，灵魂，高三的学生懂吗？太抽象了！我们看人教社小学四年级语文课文《鱼游到了纸上》结尾的一段话：

> 他学画才一年多，为了画好金鱼，每个星期天都到玉泉来，一看就是一整天，常常忘了吃饭，忘了回家。

　　我把那个女孩说的话写给他："鱼游到了你的纸上来啦！"

　　他笑了，笑得那么甜。他接过笔在纸上又加了一句："先游到了我的心里。"

　　这个"心里"不就是灵魂里吗？其实，灵魂，小学四年级的学生便应该懂一些了。高三才提出来，笔者以为不是太早，而是有些晚了。深度的隔膜产生抽象，抽象产生模糊，模糊产生疑问。我们现实的教育里这些抽象而高贵的词语太少了，北京卷的作文命题呼唤我们去亲近去熟悉这些为现实遮蔽的闪耀着光芒的词语，这确实是高考作文命题重要的一个进步。

　　前几年，网络上曾疯传法国高考作文命题，命题引发中国网友的评论："我们的高考作文题实在太小儿科了""简直是天差地别啊"……我们的教育教学太"现实"了，这正是我们需要努力改变之处。也正是在这个意义上，我们敬佩北京卷作文命题所做出的这个努力。

命题者的人文关怀

　　2015 年高考之前，有不少家长和考生问我：连老师，北京高考会不会像模拟考题那样"红"遍天下呢？我就自己的所感所知对大家说，我相信北京卷会有一种很好的把握与平衡。

"作文"充分选择的背后，实质上是考生文字阅读量的加大。"深入灵魂的热爱"从命题技术上就是在有效解决这一难题。命题者对考生真切的人文关怀，就隐藏在题目背后。

笔者粗浅地以为，对待命题，也应该像对待孩子们一样：在他们不完美的成长过程中，能够欣赏到他们的优点。充分利用并开掘考试有益的价值，由此帮助我们的孩子切切实实获得真正意义上的发展。这或许是笔者在一线教学中，整日不现实地"缥缈"，还深得学生喜欢，学生的成绩最终还很突出的原因，这也是自以为还值得和大家交流一下的获取高分的经验吧。

在高考题目面前，将我们的笔探触到更深远与更开阔处

在开阔中显示个性，在大气里展现深度

【2017年高考北京卷作文题目①】

纽带是能够起联系作用的人或事物。人心需要纽带凝聚，力量需要纽带汇集。当今时代，经济全球化的发展、文化的交流、历史的传承、社会的安宁、校园的和谐等都需要纽带。

请以"说纽带"为题，写一篇议论文。

要求：观点明确，论据充分，论证合理。

我们先看"说纽带"。题干中说"纽带是能够起联系作用

的人或事物"，这是为"纽带"所下的基本定义，为考生明确"纽带"打下基础。"人心需要纽带凝聚，力量需要纽带汇集"这是在明确"纽带"的基本作用与价值。"当今时代，经济全球化的发展、文化的交流、历史的传承、社会的安宁、校园的和谐等都需要纽带"，这一句实际上是在提醒考生在进行写作时，可以思考选择写作的基本范围。"经济全球化的发展"中的"纽带"可写，"文化的交流"中的"纽带"可写，"历史的传承"中的"纽带"可写，"社会的安宁"中的"纽带"可写，"校园的和谐"中的"纽带"可写……这是一种触发，而非一种限制。考生在这样充分的提示中，可以尽情展现个性，可以在自我的储备中寻找得心应手的写作素材，进行应对。考生既可以在题干中去寻找写作范围，也可以在题干的提示下，拓展合理的新的"纽带"领域。

例如"经济全球化的发展"中的"纽带"自然可以写互联网，当然也可以写"一带一路"，遵守全球贸易规则、拥有全球和谐共同发展的理念，不也是国家与国家、民族与民族协作共赢、促进全球经济发展重要的"纽带"吗？考生如若对经济领域不感兴趣或不熟悉，也没有关系，"文化的交流"中的"纽带"亦可为之。民族文化、民族经典，都是世界各民族间交流的关键纽带。记得我曾经带着学生去和来自日本的师生联谊。在现场，我不通日语，而那位日本老师也不会中文。初见面，显得有点尴尬。出乎我意料的是，这位日本老师在纸上写了两个汉字递给我。我一看，竟然是"关羽"。这不是三国名将吗？他见我面带惊喜之色，又写了两个汉字递给我，我一看，写的是"李白"。我顿时对眼前这位日本人充满了好感，陌生感与拘束感一下子就被抛到九霄云外了。考生朋友一定记得2015年高考北京卷有一篇现代文阅读《说起梅花》，文末有这样一段话，写得实在是好：

> 梅花，几千年的书香缭绕得骨清魂香，几千年的诗心陶冶得如此美丽。中国人心里千回百转的梅魂，在与世界相遇的过程中焕发出独异的魅力，成为民族精神的写照。

是的，梅花是我们与世界交往的一条重要纽带。当然，梅花在向外的同时，进一步确立了它在国人心中的地位与价值。民族的就是世界的。同学们肯定不会忘记2016年高考北京卷现代文阅读中的《白鹿原上奏响一支老腔》。我记得每次去看"老腔"，现场都有一些外国人。莎士比亚是英国的，但更是世界的。莎士比亚是英国和世界交流的一条至关重要的文化纽带。贝多芬是德国的，更是世界的。贝多芬是德国和世界交流的一条至关重要的文化纽带。这样的例子不胜枚举。要拿出自己民族文化中独一无二的财富，才能和世界有效交往，最终才能赢得世界的理解与尊重。我记得我曾经送给出国留学的同学一段话：

> 带着美丽的汉语上路吧，国际化绝不意味着美国化。带着你的《诗经》《楚辞》，带着你的"朝辞白帝彩云间"，带着你的"先天下之忧而忧，后天下之乐而乐"，带着你的寒食节清明节中秋节出发吧！带着你民族的丰富性，让整个世界在彼此的交换中变得更丰富吧。在丰富其他民族的同时，我们也必会丰富自己。保持各民族文化生态的多样性，才能更有益于整个人类的发展。[①]

从这些有限的举例中，我们不难看出，"说纽带"可以展示考生个性的入口还真不少。它需要的是我们日常富有个性价值的感悟与储备，需要的是我们在开阔中显示个性，在大气里展现深度。再如 2017 年名著阅读进入北京高考，如若以此为契机，亦可以找到此次写作的生长点。思考的深度、灵魂的掂量，都是经典名著与读者展开充分对话、进行内在交流的关键性纽带。

---

① 连中国. 带着美丽的汉语出发//语文课. 北京：中国人民大学出版社，2015：25.

用历史撬动我们的想象，努力写出对现实有影响力的未来

【2017年高考北京卷作文题目②】

2049年，我们的共和国将迎来百年华诞。届时假如请你拍摄一幅或几幅照片来展现中华民族伟大复兴的辉煌成就，你将选择怎样的画面？

请展开想象，以"共和国，我为你拍照"为题，写一篇记叙文。

要求：想象合理，有叙述，有描写。可以写宏大的画面，也可以写小的场景，以小见大。

"共和国，我为你拍照"，要求写的是2049年的事情，因此必须借助想象才能完成此文。有力的想象得以发生，我以为有两个非常重要的条件：其一，在某个领域我们要有必要的积累与修养。凡尔纳在《海底两万里》里有这样的一段话：

到这里，植物界开始和矿物界竞争。一些垂头丧气的向阳花，余香缥缈，叶已半凋的花冠耷拉着。在长叶枯萎的芦荟下，星星点点地生长着一些菊花，样子显得有些腼

胦。在一条条岩浆流之间，我还发现了一些小紫罗兰，依然清香扑鼻。我承认，我贪婪地闻了闻，芳香，是花的灵魂，而水生植物的花，色彩绚丽，却没有灵魂！

这段话，没有必要的生物学知识，恐怕是很难完成的。当然，语言的驱遣力与人文修养亦在其中。

其二，没有扎实的现实感的想象是空洞无力的。谈到《北京折叠》，作者郝景芳曾透露，创作的契机就是生活所见。她曾经租住在北京北五环外的城乡接合部。楼下就是嘈杂的小巷子、小饭馆和大市场。郝景芳想："有一些人是可以藏起来的，藏在看不见的空间。然后再几个小时后又进入另一个世界。我会觉得北京是几个不同空间叠加在一起，就进行了更夸张的延伸。"郝景芳科幻小说集的策划编辑说："科幻作品可以想象，可以天马行空，但必须有现实的注脚。而《北京折叠》明显是符合这一点的。作品中构筑的折叠城市背后其实是郝景芳对于这个世界的独立、严肃的思考。"

潜水艇的发明者西蒙·莱克在自传中说，"儒勒·凡尔纳是我一生事业的总指导"；海军少将伯德在飞越北极后说，凡尔纳是他的领路人；深海探险家皮卡德、"无线电之父"马可尼一致认为，凡尔纳是启发他们发明的人。

回到高考题目"共和国，我为你拍照"，从过去到现在，素材丰富多样，但哪一样是你真正关注与思考过的，这才构成了写作的关键，才构成了你想象的真正力量。

丰子恺先生在漫画中描绘我们曾有的教育就像工厂，教育模式化、脸谱化，独具个性的孩子送到学校，一般无二地被生产出来，教育变成了加工，学校变成了工厂。只要符合了标准，就是完成了教育任务，至于孩子什么感受，却没有多少人关心。教育关乎民族真正的未来，如若在2049年的时候，标准化生产式的教育得以彻底改变，这是值得我们拍照与庆贺的。在这样的拍照与庆贺里，有我们对我们的民族严肃认真的思考。

描绘2049年的共和国图景，看似简单，似乎可以随意点染，任意创造。但一篇优质的作文，一定需要在合理的情景展开的过程中，将历史与现实、感性与理性密切结合，用历史撬动我们的想象，努力写出对现实有影响力的未来。这样绘制出的图景才是个性而富有价值的。

在高考作文题目面前，我们能做的是将自己的笔探触到更深远与更开阔处。这是我们对高考的一种责任，也是我们对自身的一种责任。

写作不仅为了呈现，更为了广阔的开启

我们不可低估一道作文题的作用，更不可低估一道高考作文题的能量。一道高考作文题，往往就是一个人青春年华的见证。一位青年人带着这个记忆，这个记忆在他的一生中都会默默发酵，让他回忆，伴随着他，影响着他。写作，当然是一种呈现，但优质的作文题，同时在开启。新老更替，时代飞转，对一位青年学生而言，今天他手中的笔可能正在默默开启民族的未来的路。一道高考作文题传达的意识，经过写作的巩固，经过青春的记忆，再经过岁月默默的反思与深化，最终会变成人的一种追求，一种希冀，一种内在的趋向，一种默默的接近与靠拢。

高考作文最突出的一个亮点，就在于它对未来的开启性上。纵观近年全国高考试题，最突出的特征可归纳为三个方面：回望历史，重建民族观；建构自我，注重人文性；激活问题，强调思辨性。这三个主题都与考生的生活经历和人生体验息息相关。纵观近年高考作文命题，我们不难发现作文命题的基本导向：以社会热点为背景（但不囿于社会热点），着意引导学生关注社会，同时也非常注重引导学生关注自己与外部世界的联系，关注自我内部世界的成长。

回望历史，重建民族观

面对世界，面对挑战，回望历史，我们的民族在哪里？哪些才是中华民族最宝贵的精神与思想财富？这一部分内容，是希望梳理与反思中华民族的历史，进而总结出这个古老的东方民族的一些核心特征，在总结与判断中，产生民族认同，带着这样的民族认同，面对世界，面向未来，将中华民族带入繁荣富强之境。

2020年高考全国Ⅰ卷作文题要求考生依据材料，在齐桓公、管仲和鲍叔三人中选择自己感触最深的一位，写一篇发言稿，表达自己的感受和思考。中华历史上有无数人物，无数事件，为什么单选这三个人的一段故事？因为这一段故事深度包含着中华美德、中华智慧、中华作为三大要素。中华美德，我们可以由"管鲍之交"中见出。鲍叔积极地举荐了管仲，没有鲍叔的举荐，自然就没有管仲后来的一番作为，但鲍叔却甘居管仲之后。历史上还有一段故事，齐桓公后来想任鲍叔为宰相，管仲没有"知恩图报"，却持否定意见，他说鲍叔这个人不适合为相。鲍叔知道了，没有不满，反而说管仲考虑得很周全，一片公心：鲍叔说自己做司寇可以，做宰相却不合适，宰相得兼容众人，自己爱憎过于分明，做不到。"管鲍之交"很纯粹，不像"刘关张之交"，刘备、关羽、张飞之间的交往开始时是兄弟之交，后来变成了君臣之交，而管、鲍一直是坦诚真挚的朋友之交。如若就中华智慧而言，管仲审时度势，善于抓住机会，他能"不战而屈人之兵"，让齐桓公九合诸侯，成为春秋五霸之首，这是管仲最大的智慧。管仲还是人本主义的先驱，他认为"一年之计，莫如树谷；十年之计，莫如树木；终身之计，莫如树人"。当然他的人本主义和现在的人本主义有不小的差异，但他把人本身看得很重要，他有一种以人为本的意识，这也是管仲很了不起的智慧。再看鲍叔，鲍叔绝不是一个平庸的老好人，不是一个目光狭隘的或是无所作为的好人，他是一个有智慧的好人。鲍叔善于识人，而且能够举荐贤能，甘居其下，这不是一般人能做到的。这不仅需要很高的道德水准，而且需要非常高级的智慧。鲍叔实际上是个千古奇人，从某种意义上来说管仲难得，鲍叔更难得。就中华作为而言，齐桓公针对当时的国际形势，尊王攘夷，九合诸侯，齐国的大国风范得到了当时"国际"社会的普遍认可，齐桓公在当时的"国际"舞台上，起到了举足轻重的作用，成为春秋五霸之首。孔子就赞誉齐桓公说："齐桓公正而不谲"。学生作文时，从中华智慧、中华美德、中华作为这三个角度，任选其一即可。

这个题目在启发我们思考，中华民族到底有什么东西值得我们关注和提炼？我们民族的财富是什么？我们民族的基础是什么？在当今的世界格局下，我们都希望中华民族能够更好地展现美德之光、智慧之光。在当今的国际环境中，中华民族应该更有作为。我们不能不加判断地接受媒体的信息，而应该对中国在国际社会中发挥的作用有自己的理解。

2020年高考全国Ⅰ卷引导考生从人物和事件上认知中华民族，2020年全国新高考Ⅱ卷与它相呼应，引导考生从地域上认知中华民族。"电视台邀请你客串《中华地名》主持人。请以'带你走近＿＿＿＿＿＿＿'为题（补充一个地名，使题目完整），写一篇主持词。"如果我们选择写北京，我们真的了解北京吗？我们能讲出北京真实的文化内核吗？北京的文化价值到底是什么？这是需要我们留心观察、深入思考的。这两个题目遥相呼应，只是进入的角度、程度不同，其目的都是让学生认知中华民族的民族精神、民族文化，都属于重建民族观、建构民族魂这个主题。

建构自我，注重人文性

在学生成长的过程中，非常重要的部分是学生内部世界的不断觉熟。缺乏独立的自我意识、自我建构、自我反思，人便一直是被动的，不是主动的；是匍匐的，不是站立的；是执行的，不是创造的……强调人文性，最主要的一个方面就是强调"人"的主体性价值。探寻人类永恒的价值追求，给学生以思想的指引、人生的启迪、情感的熏陶，是语文教学人文性的体现。

2020年高考全国Ⅱ卷的作文题比较典型地体现了人文性。材料开头墨子和约翰·多恩的名言并列，意在表达中国和西方在人类命运共同体层面有共识，是高度契合的。基于此，人们应该携手共克时艰，世界各国应超越之前的狭隘、偏见、隔膜，共同创造人类美好未来。材料第二段和第三段分别讲别人如何对待我们、我们如何对待别人。两段内容都是包容友好的，共渡难关的，没有指责，没有互相推卸责任。整则材料提示考生要有恢宏大气的视野，倡导人类拥有广阔的胸怀，建立人类命运共同体。这个题目的格局、眼光、胸襟和气度，都给人以强烈的冲击力，给人们提供了看待疫情的新视角。命题人通过作文题目，引导、影响、点拨了学生，照亮了学生的心灵，开阔了学生的胸襟。

2020年高考北京卷作文材料的核心词是"天网"。一般写"天网"最容易落在两个思路上：一个是国家意识、国家观念，强调国家的强大；另一个是"天网由55颗卫星构成"，强调集体意识。而这则材料出奇制胜的地方在于，它突破了新闻本身，"每一颗都有自己的功用"，材料在强调集体意识的同时，也强调了个体价值，激发学生思考，涵养学生的精神品格。

2020年高考全国Ⅲ卷作文题要求以"如何为自己画好像"为主题给高一新生写一封信，分享自己的感悟与思考。题目的核心是让学生对自己高中三年的生活产生一种自觉的自省自建自悟，学生作文要回答"我是怎样的人""我想过怎样的生活""我能做些什么""如何生活得更有意义"这些重大的人生问题。这里面包含着走过之后对既往岁月、经历的深度提炼，而我们的语文课很少涉及这方面。"我能做些什么"，课堂上学生即使回答往往也是浮于表面的，也是别人要求的，别人要求和自我萌生不是一回事，别人想让我们做什么和我要做什么不是一回事。这道题的可贵之处在于，不是让学生简单地跟着时事跑。跟着时事到处跑是我们作文的一个弊端，什么内容时髦就写什么。我们是谁？我们怎么生活的？我们想要什么？这些都成了很不重要的问题，"自我"的沉淀与反思，在我们的写作过程中被屏蔽了。"无我"的写作，在我们现实的写作中还很盛行。让学生在作文末尾联系时事，强加几句口号，这样的写作观指导下学生恐怕难出佳作。优质的作文题就是提出富有价值的人生的大课题让学生回答，通过回答，见出学生的认知高下，见出学生思考问题的深度与广度。

"我是怎样的人""我想过怎样的生活""我能做些什么""如何生活得更有意义"等重要的问题，扎实的语文课堂，几乎每天都在尝试让学生思考与回答。例如：《诗经·蒹葭》，鲁迅的《药》《祝福》，苏轼的《赤壁赋》，"整本书阅读"中路遥的《平凡的世界》，都在借助知识，帮助学生不断进入"人"丰富而内在的领域，去思考，去触及，去感受，去领悟，去理解，去辉映，去召唤……这些都是语文课重要而内在的使命。拙著《语文课》第一部分"生命·成熟"，几乎篇篇都在用心回答这道作文题目。这种相遇不是我要遇见它，是它来找到我。因为当老师，我一直特别看重学生内在的成长。这是我跟学生相处的过程当中，发现优秀学生必须要经历的一个过程；

也是语文课作为一门学科，它最核心的价值和永恒的骄傲。因此，这是我的语文课的根本立足点之一。

这三道题目贯穿着人文精神，负载着对全人类的博爱、对集体的热忱、对个人的责任等有价值的人文要素。在众多题目中，这几道题显得元气淋漓，熠熠生辉。

激活问题，强调思辨性

杜威说："思维的力量能让我们摆脱对于本能、欲望和因循守旧的屈从，但也可能让我们出错失误。它使我们高于禽兽，但也有可能让我们干出禽兽由于其本能限制而干不出来的蠢事。"阅读和思考问题时的惯性思维会给我们提供现成的认知框架，为认识新的事物搭建台阶，但借用惯有的逻辑，也可能阻碍我们探究真知灼见。

在写作中强调思辨性，即强调自己构建文本与世界的意义，写作者始终保持与文本、与自我的对话，保持着独立的自我判断。强调思辨性的高考作文题目里较为突出的是 2020 年上海卷的，它不直接考时事，而是依据时事，提炼出一个有价值的人文问题，包含着对疫情转折的展望、憧憬，让学生来思考和回答，对学生的认知和积累有很大挑战。世上有很多重要的转折是意想不到中发生的，那么人对于事件的发展，到底展现出怎样的作用和价值？在那些重要的转折里，人类有哪些积极的付出，促成了转折的发生？学生得有事例说明。当然，世界上很多事情是在意想不到的时候发生的，但这是否意味着人类对事情的发生发展无能为力呢？回顾人类前行的历史，我们不难发现，在重大事件的转折过程中，人始终是活跃而重要的力量。当然这里的"人"不一定是那些喜欢自我标榜的大人物，但人是积极而重要的力量。加缪《鼠疫》中的里厄医生就是其间最杰出的代表。

2020 年高考上海卷的作文命题，基于疫情，但没有囿于疫情；而是在疫情的基础之上，加以提炼与抽象，概括出一个人类基本的人文问题抛给学生，请学生来阐释并发表自己的见解。这无形中对学生提出了更内在与更开阔的要求。尽管这个问题，学生好像都能回答，但在基本的回答之后，如何跟上有效的论证，就需要有坚实的事例，作为思考判断的基础了。如若没有充分的事例可以展开，论证必然是干瘪的且不充分的，这就造成一种尴尬和无奈。学生扎实的素材，很重要的一部分得益于他的阅读。阅读不扎实，积累就不会太扎实。面对这样关乎人类命运的宏大命题，我们日常为应对考场作文而积累的"事例"，可能会失效。学生阅读的深度不够，学生运用材料的灵活性就肯定不够。上海卷这道题，题目看起来简洁、平易、明了，但是作为考场作文题，它对学生的认知和储备，都有很高的要求。

2020年高考浙江卷作文题要求写对个人与家庭、社会之间的落差或错位的思考，这个题目偏向人生体验。写作这道题目时需要在思考中辨明是非，并对事物得出更深层次的认识。在人与社会的错位中，或利或弊，或得或失，包含着各种各样复杂的情况。考生不仅要叙述事实，提出问题，暴露矛盾，还要借助思辨的力量，触及问题的本质，从而揭示那些人们司空见惯的事实背后蕴含着的深刻内涵。

2020年高考江苏卷作文题的关键词是"同声相应，同气相求"，这表面上在说这件事的好，实际上也在暗示：仅有这样一种状况恐怕会有局限。"人们总是关注自己喜爱的人和事，久而久之，就会被同类信息所环绕、所塑造"，表面上看这句话没有贬义，没有说不好，但仔细关注它的语言，让人不由得怀疑这种情况到底好还是不好："总是""久而久之"，透露这么做可能有某些不足。所以这道题是让我们关注同声同气与异声异气之间的关系。有些人可能和我们异声异气，那怎么办？"同声相应，同气相求"，如果遇上"异声"，能做到兼容吗？如果总是关注"同声""同气"，就只会关注自己喜欢的人和事，是不是容易出现某些偏差、形成某些误判？久而久之，会不会变得偏狭？我们是不是应该考虑到事情的另外一个方面？看到好处的同时，我们是不是也看到了不好的一面？这样学生思考的空间才能被更充分地拓展。

回望历史，重建民族观；建构自我，注重人文性；激活问题，强调思辨性。2020年各地高考作文题目从不同维度启发考生发挥思维的穿透力，去开拓更深层次的信息；启示我们无论是作为教师，还是命题者，抑或是考生，我们当下的写作都不仅是一种呈现，在呈现的过程中，我们的写作分明也是为了开启。因此，我们每个人都责任重大，勉乎哉！

人要去思考与人要被关注

——就 2023 年高考作文命题的特点、启示 与趋势答《中华读书报》

2023 年的高考作文题有哪些特点？

与 2022 年的高考命题相比，2023 年的命题有三个特点比较突出。①命题简明。与 2022 年的命题篇幅相比，2023 年的命题普遍精粹凝练，直击要害。大多数命题靠关键性的几句话，题意全出，分量就很重。②时代之思。不少命题集中凝练地表达了时代之思，引导学生基于我们时代的相关状况，进行思考。全国甲卷对人与技术关系的思考，新课标 II 卷对"安静一下不被打扰"的思考，上海卷对"一个人乐意去探索陌生世界，仅仅是因为好奇心吗"的思考，等等。③续航启动。经过内省思考，期待整体的社会获得可持续的、强有力的发展，北京卷作文题目"续航""亮相"最为典型。

高考作文题反映出语文教育的哪些侧重？

由上述高考作文题的分析中，我们不难看出，在最近的一段时间内，语文教育在两个方面有所侧重。其一是关乎时代的思辨力。思辨思考，并非空中楼阁，而是紧贴时代的现实状况。例如全国甲卷对人过度依赖技术的思考，就要求考生更为深入内在地把握人与技术之间的关系，进而可以展开相关的系列性思考。北京卷的微写作，触及的是是否要开设班级公众号的思考。其二是社会的人文性。在时代发展中，在社会进程中关注人的生存现状，比较典型的是全国高考新课标Ⅱ卷"安静一下不被打扰""希望有一个自己的空间"，对人生存状况的内在关注。

语文教育未来发展有何趋势？考生如何相对自如地应对高考作文？

在近一段时期内，基于时代之思，努力为社会发展营建良好的人文基础与社会环境，可能是语文教育未来发展的一种趋势，值得我们进一步关注。

　　高考作文水平的核心提升，特别是高分作文的获得，有三个条件必不可少：扎实的课堂，潜心的阅读，真实的思考。扎实的课堂是核心，潜心的阅读、真实的思考是两个重要的辅翼。三件事又是三位一体的，密切内在地融为一体。只有真实地于此三方面努力，我们才能面对时代之变，面对课改之变，将自己的写作立于不败之地。

我们期待

怎样的作文

一个题目，就是一次生命的瞻顾与考量

笔尖眺望

每一道作文题，都不仅仅是留给学生的，更是留给教师自己的。一个题目，就是一次生命的瞻顾与考量。我是老师，我希望以生命的名义，和学生一起去经历、接受、完成这一次次考量。一次作文就是对自己的内心世界的一次修复与完善，一次建构与促成，一次自我的深度对话与彼此的倾听……

【命题】

成语"甘之如饴"，出自《诗经·大雅·绵》，意为感到像糖一样甜，比喻心甘情愿地从事某种辛苦的工作，甘愿承受艰难和痛苦。请你以"甘之如饴"为主题，写一篇文章。不限文体（诗歌除外）。

甘之如饴，给苦难以希望给自己以力量

连日曈

我是特蕾莎修女。我来到加尔各答的修道院受教育，生活舒适而安逸。但是，当我看到墙外凄惨的贫民窟时，我明白，我的天职是帮助穷人。

我立刻决定离开修道院。但是，就在动身的前一晚，修会的上司却拦住了我，他对我说："你什么也改变不了，还不如任其发展。你还是留下吧。不然，你会失去修会的支持的，那样就没人帮你了。"

我没有回答，默默地装好了行囊。第二天，悄悄地迎着微弱的曙光出发了。

此后，我就过上了艰辛的日子。

每天清晨，我踏着厚厚的积雪去贫民窟、无名的街道、垃圾站等等破烂肮脏的地方，将濒死者带回我的"关怀所"。然后，我不顾寒冷，冲向了各家医院和诊所，为他们寻求药品。当我回到家时，已是深夜，我奔走了一天但却一无所获。当我进到房间里，换下衣服时，我才发现，身上已经落满雪花。

支持我的人也日渐稀少了，越来越多的人将我视为

灾星。

在一个大雨滂沱的日子里，我推着一辆小车，踏着泥泞，将被丢弃的婴儿带回弃婴之家。突然，我的朋友冲了出来，对我喊道："特蕾莎，你不知道他们身上有病菌吗？万一传染给你怎么办呀！我可再也不愿意见你了！"言罢，就慌慌张张地逃跑了。

但我却甘愿从事这辛苦的、肮脏的、不被理解的工作，甘愿忍受艰难。因为，我从中尝到了无尽的甘甜。

我坐在简陋的小屋中，看着一个个不幸的濒死之人在生命的最后几小时里获得尊严的补偿，看着可爱的孩子们更愉快地生活，看着无数失去信念的病人恢复生活的希望，看着人间的不幸在一点点减少。

在我的影响下，人们再也不用嫌恶的、鄙夷的眼神去看那些乞讨的孩子，取而代之的是同情与关怀。我很高兴地看到，这个世界的病源：自私、邪恶、冷漠……正在逐渐被消除。

无数人加入了我的团队，他们用诚恳、富有行动的爱，来帮助每一个受苦受难的人。我实现了我的梦想。我最大的梦想是：让穷苦人得到关怀、尊重，让人类能彼此相爱。

每当我看到人间的黑暗越来越少，光明越来越多时，我仿佛走入了华美庄严的教堂，在圣洁空灵的音乐的包绕中，我的灵魂展开洁白的羽翼，随天使们一起飞向了天堂。

我明知有无数苦难在等待着我：辛劳、疾病、肮脏……但我却从中尝到了甘美的琼浆。我从未动摇过，也从未害怕过。我总是奔走于世界的各个角落，用自己微弱的光芒为一个个贫穷的、悲惨的生命照亮一角天空。

慈善工作，的确有许许多多的苦：受人排斥、不被政府认可、冒着严寒酷暑为穷人服务……连我的朋友都劝我别干了，他们说："没有什么人支持你，又那么苦，你为何还要坚持不懈呢？"

我只是笑笑，说出了这样几句话：

"人们经常是不讲道理的、没有逻辑的和以自我为中心的，但不管怎样，你要原谅他们。"

"即使你是友善的，人们可能还是会说你自私和动机不良，但不管怎样，你还是要友善……"

这个世间还充满不尽的苦难与灾害，但一颗慈悲之心、关爱之心，却可以超越苦难与灾害本身，在这世间酿出甘美与醇甜。

　　复杂的人性，在"甘之如饴"中得以净化与升华；岁月，在"甘之如饴"中获得美好而神圣的价值；人生，在"甘之如饴"中变得丰厚而宽广。

　　"甘之如饴"，给苦难以希望，也给自己以力量。

心海笔姿

　　作文要越写越宽广，这就要求我们的生命因了"作文"而不断地出发，不断去遭遇"美景"，不断在突破与更新中获得文字与内心融为一体的快乐。此篇写的是特蕾莎修女，其实还可以写居里夫人、法布尔、徐霞客、李时珍……能"甘之如饴"的生命晶莹剔透，伟大纯真！我们笔下跳动的文字，都是在向他们迎风致敬。

　　还有，其实更重要的是，你自己有无真正意义上的"甘之如饴"呢？每一个生命都很了不起，都有不同程度的"苦难"。老师在读学生的文字的时候，希望被学生的世界一次次照亮，照出成人的尴尬与拙陋。

剥去那些硬壳，将我们的笔指向内心及生活深处

笔尖眺望

当我们的笔指向自己内心的时候，我们的写作才真正开始；对我们自身而言，写作才真正富有意义和价值。这样的事情，一旦发生，即便考试结束了，我们的写作也并不会就此而终结，写作会伴随着我们的生命历程，成为我们一生中重要且令我们无尽感激的"事业"。更内在、更真实的写作，并不指向作家这个职业本身，相反它指向我们具体而内在的、人人需要面对的生活。对于一个真正"充裕"的人而言，写作是他提高生活质量与生命品质非常重要的一种方式。但令人十分遗憾的是，在我们追求分数的过程中，那些"纷繁复杂"的原因，往往会将

这样一个基本而重要的事实及规律遮没，甚至摧毁。这使得我们师生长期以来与更真实更内在的"写作"，相去甚远。

我与父亲

邓润晨

他总是喜欢突然闯进我的房间。这次也不例外，他又推门进来了。

听见两声清晰的敲门声，紧接着就看见了他的脸，也仅是他的一张脸，一脸的平静。面对这种不甚礼貌的举动，我只是静静地转过身。我转过身跟他对视了几秒，他动了动头，眼神很快定在我身上，他嗽了嗽嗓子。我转过去，熄了映得我发晕的灯，看着他。我预感他会说"我想我们需要谈谈"，这是他经常对我说的，作为父子之间交流的打开方式。

父亲今年奔六十了，是个老实寡言的人。日常起居规律得像我身侧一如既往走着的一只钟，他总能在准确的时间起床、就寝，看书、看手机。我惊异于他的被子总能叠出好看的形状，他的一动一静都那么有力而不迟疑。从我出生到如今，岁月好像只在他的外表留下了痕迹，他已两鬓斑白，颧骨边上的肉也没了光泽，脸上徒有岁月蹉跎的刻痕，他挥动球拍击球不再有力，上楼梯也习惯了慢慢一步一步走，他适应了长时间慢跑的步幅。我知道他老了。

他明显是有备而来的。他拖着一把椅子，慢慢地走近，带着长者的威严和周身环绕的严肃走到我身边，轻轻把椅子放下，坐了下来。父亲身子不是很挺拔，坐在椅子上微驼着背，平静地用双眼打量我，看看凌乱无序的书桌。透过他那副横在鼻梁上的方框眼镜，我看出他的神色愈发凝重。

"你出了问题。"他一语道出了他来的目的，语速很慢，重音也巧妙地放在了后面。他看着我，拔了拔刚刚微驼的背，又耸了耸肩。窗外很静，容不得长时间的静待。他见我没有想说话的意思。

等他再准备张口时，我点了点头："嗯。"他没有点头，看着我，眼神里透出期待，好像希望再从我嘴里盼出点什么。

我不打算再说什么了，甚至已经有些不耐烦了。我知道他想要问我什么，以及从我这里得到什么样的答案。而我只是转过身把保有余温的台灯再拧开，倔强而不知所措地看着刚刚被打断思路的一道作业题，虽然眼前有熟知的数字和文字，但一个也不想看进去，一个也不能看进去。我预料到他之后会问的问题，但是我不想再说下去。

我在学习上出了问题，在生活上对未来的梦想的实现存在困扰，这都是问题。父亲看到了我的问题，看来他乐于帮助我。

我知道父亲是个有学问的人，喜欢钻研些东西，尤其在理工科，当年学的知识还记得很牢靠，他自学了很多，又心灵手巧，他对自己很自信。他又兼有不少的生活经历，觉得自己不容被不懂的人置疑，这算是他的骄傲吧。只有遇到志同道合者他才会面露喜色，相谈甚欢，尤其是涉及他感兴趣的事。平时他却绷着冷脸，即使十分喜庆的日子如亲朋聚会也不会轻易露出喜色。

我想他会问"有没有什么我能帮上的"。他总是能帮上忙的，只是越来越力不从心了。要在以前，在我初中或更小的年月里，在晚上我们可以花费大把的时间来讨论一道题或一个话题，那时候父亲的精神总是那么充沛，他想得总是快的，一语中的。但到了今天，情况走向了相反的方向，像从昔日正午的烈日炎炎至如今的夕阳西下，他容易困倦，他需要早些睡下保重身体。而我也不会轻易留出大把的时间来琢磨一道题的细枝末节。

岁月告诉他，他跟不上趟了。但很明显他并不服输，坚强的人还是执着并相信着自己。

"我想我不需要你的帮助。"我突然说出这样一句话。

我头也不回，说的时候顺便在答题处写了个模糊的草稿。现在想那时冷漠得令自己害怕，也许是想证明自己真的成长了，也生出了令人畏惧退缩的冷面孔。

他惊讶地看着我，不明显，但他的眼睛稍微睁大了一点，吃惊中夹杂着不解和遮掩不住的不好的情绪，总之是一种很复杂的眼神。最后他还是归于平静。他头微微朝下点了点，我看着他刚刚挺直的背又一点点驼下去。我看着他，我在内心深处挣扎着想："还是靠我自己吧，老爸。"

他耸了耸肩，搓搓那双显得干瘪的手。很快站起身，小心地搬起来时带来的椅子，走出我的房间，轻轻地带上门。

"行吧，你自己能考虑清楚就好。"安静而深沉，最后几个字因门被关上而减得很弱。

"嗯。"

"需要我帮助的地方尽管提。"门又打开，随即很快关上。我没有回头。

屋里很静，和我繁乱的心跳不相称，桌前的灯光也和眼里泛起的泪光格格不入。我读着书，眼前却是父亲与我在讨论时留下的纯然的笑，那些时光，并着我对父亲的回忆在这个深夜得以珍藏。

（指导教师：吕培培）

心海笔姿

此篇文章讲了"我"和父亲的一次"对决",有细节的点染,特别是通过"我"内心的感受来刻画父亲心理的部分,见出了作者的成熟。就叙事的节奏而言,作者也干净利落,绝不拖泥带水。文内必要的插叙,大大丰富了父亲的世界,增强了这场"对决"内涵的硬度与力度。但就文章整体而言,对"我"的内心世界、父亲的内心世界,有些描写还有一些粗疏与飘忽,甚至有些语言不是十分流畅。这些都是可以改进的地方。但这样的父子"对决"是有震撼力的,它触及了我们的生活本身,特别是"我"拒绝了父亲,内心的愧疚与不安,似乎是每场"剑拔弩张"的家庭矛盾后,孩子内心真实的状态,孩子没有别人感觉到的那般冰冷与坚强。

作者将自己的写作指向真实且并不平静的生活本身,指向了自我的内心世界,指向了真实的父子关系。写出了隔膜、抵触、艰难,也写出了惶惑、不安甚至软弱、愧疚。因为生活本身是无限宽广与丰厚的,这便使得我们的写作无限宽广与丰厚起来。

剥去那些硬壳,将我们的笔指向内心及生活深处!

一个人内心的格局就是他文字的格局

笔尖眺望

说到写文章，我们师生自然会想到事件曲折、卒章显志、联系现实等这些写作的方法。当然这些年，我们的写作始终被简单应试牢牢地束缚着。写作前，流转在师生脑海中的，更多是那些所谓的得分的要领与策略，诸如：开门见山一笔扣题，引用经典富有底蕴，巧设悬念引人入胜，名人名言彰显深度，巧用倒叙扣人心弦……当然这些写作的技法与策略，在恰当的时候，合理运用，对于写作的提升，肯定是有所裨益的。但是由于我们许多考生，在平时的学习生活过程中，没有自己内在真实的积累，又缺乏应有的思考与体悟。所以即便是知晓，甚至是套用（注意，不是真实意义上的"使用"）这些策略，所写出的文章，也是千人一面，彼此雷同，文意刻板，立论呆滞，缺乏生机。当然，更有甚者，为了获取所谓的高分，规定好了作文全篇具体的段落，以及每段核心的内容。还有的老师，在近些年高考作文宏大论证叙事面前，要求学生强行记忆大段领袖言论，在作文中机械套用，据说可以此来获得青睐，谋求高分。

今天我想借山东省威海市第一中学王正宜同学的一篇文章，来和老师同学达成这样一个有关写作更深层次的共识：一个人内心的力量与胸襟的广度是构成一个人文字格局和品质非常重要的因素，甚至是关键性的一个因素。当然，因为文字的格局与品质发生了变化，那一个人作文的分数自然也就发生了根本变化。一个人心头的海潮是会在一个人的笔底奔泻的，一个人内心的格局就是他文字的格局。

【命题】

阅读下面的材料，根据要求写作。

近日，苏州大学把奖学金的金额改成象征性的一元钱，外加一个荣誉证书，"省下"的金额转到了"扶贫助学基金"的账户上。校方解释，希望同学们好好学习，不应"以获得奖金多少"作为学习的目标。该校学生在网上吐槽："奖学金才一元钱，还不如不去拼搏了。""就一元钱，我看还不如不发呢。""每年才几个人得，早该取消了啊。"此事引发了一些网友的关注，经媒体报道后，激起了更大范围、更多角度的讨论。

该校校刊的"学生心声"和"向校长建言"两个栏目就此事开展专题讨论。请你选择一个栏目投稿，表明你的态度，阐述你的看法。

要求综合材料内容及含义，选好角度，确定立意，明确文体，自拟标题，不要套作，不得抄袭。

原稿：

奖学在于金

顾名思义，奖学金的目的在于奖学，而形式是金钱。对于苏州大学近日把奖学金的金额改为一元钱的行为，作为一名学生，我认为这会使奖学金丧失其应有的作用，甚至可能会起到反效果。

为什么要继续颁发奖学金，我认为有三点原因。这不仅是我个人的看法，更是我作为一名学生的心声。

①奖学金能够切实激励学生学习。在中小学阶段，学校常常会在学年末为优秀学生颁发荣誉证书。这与奖学金有些相似但绝不等同。大学阶段与中学最大的差异在于，

每个人需要自己打理自己的生活。而生活中不论食还是行，都需要金钱作支撑。对于绝大多数大学生而言，这些钱来自家长给的生活费。奖学金的作用便在这时体现了出来。学生们在生活中用的是自己努力学习而得来的金钱，这种成就感更能激励自己努力学习，所以金钱在激励机制中发挥着极为重要的作用。

②对于贫困生而言，奖学金是赢得尊严的一种方式。绝大多数贫困生会省吃俭用，并且申请助学金，争取不给家里增添经济负担。奖学金能起到雪中送炭的作用。贫困生们通过努力学习得到奖学金，不但可以赢得同学们的尊重，情况好者甚至不用申请在一些人看来有失尊严的助学金。这不仅有助于激励贫困学生努力学习，而且能起到性格培养的作用。

③奖学金有利于学生的全面发展。对于不少学习成绩好且能力强的学生而言，奖学金可以作为经费投入社团或学生会活动。这既有利于他们发挥自己的兴趣特长，又有利于提高他们的素质，增强其适应社会的能力。倘若把奖学金减少到象征性的"一元钱"，毫无疑问会打击他们锻炼自己的积极性，甚至使他们被迫停止一些活动。这与学校对学生的教育目标是不相符的。

诚然，用金钱奖学可能有些功利，但我们不能只看奖学金在学生得到前发挥的作用，更要看学生得到奖学金后获得的实际的好处。综合两方面的影响，我认为发放足额奖学金是利大于弊的。

奖学金在于金，这是一点学生心声。愿我们都能早日取得真正的奖学金。

第二稿：

青年当有青年的样子

前段时间，苏州大学通过了"一元奖学金"政策，即将原来的奖学金的金额改为一元钱，另外再颁发一本荣誉证书。此举引发了校内外人士的大量讨论。

青年，是一个充满希望的年龄阶段，更代表着一群拥有无限可能的人。而大学生，则是青年群体中的佼佼者。青年大学生若为些许钱财整日忧虑，则实在有失青年风貌。

青年当拥有青年之志向。一个人读书、学习可以有很多种目的，但最有价值的目的定不是获得奖学金。倘若学习的目的是如"古之学者"一样"为己"，那奖学金的多寡又何足挂齿？倘若学习的目的如张载般"为天地立心，为生民立命，为往圣继绝学，为万世开太平"，那么奖学金的多寡如何影响这贯通古今、承接天地之势？倘若学习的目的是和周恩来总理一样"为中华之崛起而读书"，那奖学金的多寡又何能改变"中华崛起"之志呢？

青年当拥有青年之气概，应有意气风发之势，不拘泥于金钱，不拘泥于当下。古人云"气吞山河"，"气"对于人而言尤为重要，缺之不可。倘若一个人年轻时便为世俗物质所累，成大事的底蕴定有不足，青年之气也会在红尘的打磨中很快消耗殆尽。古有李白年少仗剑去国，辞亲远游，维扬散金三十万，若有落魄公子，悉接济之。今有毛泽东穷游湖南，"指点江山，激扬文字"。此皆真青年所做真青年之事，真可谓"气吞山河"。

青年当拥有青年心系天下之胸怀。奖学金变为一元，变为"扶贫助学基金"，资助更多的贫困学生，让更多的贫困学生生活得好一点，何乐而不为？扶困济贫，虽为间接，仍为青年当有之心，青年当做之事。达则兼济天下，这笔钱财用于贫困生补助显然比用于奖学金发放更为重要。既然如此，青年理当追求那"大庇天下寒士俱欢颜"的宽广胸怀。

私以为，所谓青年的样子，最为重要的便是那一份意气风发、洒脱淡然之势。倘若因一点钱财就耿耿于怀，则实在有失青年气度。如今物欲横流，当代青年，更应胸怀大志，不为世俗所累。

如此看来，"一元奖学金"更像是一种历练，它正在把当代青年逐渐锻造成他们应有的样子。

心海笔姿

我去威海，恰好遇到正宜，当正宜郑重地把她的文章，递交到我手上的时候。我高兴地发现，这是一位基础扎实、踏实努力、训练有素、有良好成文习惯的好学生。更难能可贵的是，正宜对问题有一定的思考力。正宜这篇议论文，基本的要素全部具备。她的第一稿的核心论点是：她不赞成一元奖学金，她赞成奖学金的全额发放。理由有三个；其一，全额奖学金，可以切实满足学生日常生活所需；其二，特别是对于贫困生而言，这种经济上切实的帮助就会有更具体和更重要的作用；其三，学生拥有一定的资金，有利于学生的全面发展。在此基础上，再度强调自己的中心论点：奖学金在于金，希望学校能够早日把全额的奖学金发放给学生。文章如此做，没有任何问题，观点明确，论证过程也基本清晰。

看完作文后，我笑着和正宜交流。这足额的奖学金，不过千元，对你而言，并没有那么重要。何况这不过是纸上谈"金"，并不损害你任何真实的利益。我建议你不妨支持学校的决定。具体理由如下。

足额也好，一元也罢，"金"都不是重点，"奖学"才是设立的核心目标。因为奖学金毕竟不是工资。在学生阶段，奖学金毕竟不是我们用来安排学习生活最主要的经济来源。如果单单依靠奖学金"过活"，那肯定是不够的。所以，设立奖学金，"金"不是为了解决实际生活中的问题，"奖学"才是设立的初衷。

时代发展到今天，足额奖学金，对不少获奖的大学生而言，即便不要，也不会对他造成很大的影响。当然，你可以说上大学后，我不能再花父母的钱了，那你可以贷款，也可以先向父母借钱，等自己将来工作后再一一补上。

何况学校省下来的奖学金，也并没有移作他用。而是把"省下"的钱转到了"扶贫助学基金"账户上。这也就是说，把钱用在了那些在生活上更需要帮助的人身上。我们为什么不支持一下呢？

足额的奖学金，固然应为我们所得，但得奖的毕竟只是少数人。其实，即便是万元的奖学金，都不应该成为我们学习最核心的目标。在我们的社会上，一直流行实用主义的价值观、求学观。大学不是技校，上大学的根本目的并不是为了将来的实际工作去做准备、做培训，而是为了与人类历史中更伟大的人物与事件相遇。我们在学习的过程当中，与前人对话，感受伟大的思想、灵魂，感受一位位巨人带给人类的无尽的创造与翻天覆地的改变，其乐无穷。这是大学学习的重要的目的。我想一个人努力学习应该有更内在更充分的理由。世界不完美。世界需要我们不断地去改变它、创造它，人类才能够拥有广阔、辉煌的前景。为此，正需我们切实地努力。足额是奖励，"一元"也是奖励。将眼光放得大一些，再大一些，我们在无尽的创造里，在完善世界的过程中，将来也许才能拥有更真实意义上巨大的精神财富与物质财富。

在于己无大亏，而对别人更有利，特别是对当前不良的社会风气可能有所扭转的情况下，我们不妨将气量与胸怀放博大一些。

正宜听后，对我说："和连老师交谈后，我对于作文的看法大有转变。从前，我一直将作文与写作视为两种截然不同的东西，认为作文纯粹是写在试卷上、仅仅为了得分的、没有生命力的物品，只有写作才是能够表达自己思想的、有生命力的作品。但现在，我明白了作文与写作能够有机结合，也逐渐学会在应试作文中表达自己的观点。"

正宜的第二稿，还有修改的余地，但我们始终相信一句话：同学们，开始，就好！

文体不是规范出来的，思维的深度不是一蹴而就的

笔尖眺望

在我们写作文的过程中，一定经历过许多不自由。其中之一，便是文体的不自由。比如在小学阶段，学生肯定是不可以写议论文的；甚至在初中阶段也是以写记叙文为主。这样造成的一个基本事实是，一个学生所谓的写作教育，其实就是不停地写"我的妈妈""我的老师"的过程。我这么说，一定会唤起许多成年人深刻的记忆。几乎每个上过学的人，都曾写过"我的妈妈""我的老师"等生编硬造的文章。为了应付作文，编造雷同化模式化的故事。不顾事实，为了剧情需要，有时不得不故意丑化妈妈。诸如"妈妈满头白发""面容憔悴""拖着

沉重的病体"……

我在上学写记叙文的时候，我的同学就经常写在下雨天妈妈为孩子送伞、夜间为孩子盖被子等情节；运动会接力赛一定要掉棒、最后一棒一定能赶超等情节；有时实在不行了，为了求异创新，也常常装腔作势，违心地讴歌一番平凡且崇高的清洁工。我最近一段时间，发现时光如梭，几十年过去了，但现在的孩子依旧在写上述这些内容。美好而幼稚的时光仿佛定格了，真是令人莫名感动。一路写来的"我的妈妈""我的老师""清洁工"，构成了我们共同的上学写作经历。

在写作教学中，按照记叙文（小学）、记叙文（初中）、议论文（高中）这样的过程培养学生的写作能力一定是合理的吗？在考场上限制文体，这样对学生进行写作限定合理吗？如若在平时甚至在考场上，一旦学生在题目没有要求、教师没有"教"的情况下，自己就写出带有议论色彩的文章，我们可以接受吗？当学生打破我们的习惯，我们能适应吗？这是摆在我们教师面前的问题。文体，是学生有了自我充足的发现与思考之后，自由写出来的，还是我们步步为营、一步步规范出来的？什么都需要"教"，学生才会吗？君不见，为了规范文体，写出像点样子的议论文，我们的高中语文教师有几多怨言，又付出几多努力。

也说"亲历"

连日曈

亲历，顾名思义就是亲身体验，亲自经历。它重要吗？

从个人成长方面来看，它重要。如果没有亲眼看过千里马，只是看着《相马经》上对千里马的描述——高脑门、大眼睛、蹄子像酒曲块，最后，就只能按图索骥，拘泥做事，面对复杂的现实状况却不能灵活以对。

从国家发展方面来看，它重要。明朝的皇帝、臣民眼目封堵，不知世界整体的格局，自然更谈不上"亲历"，那么就会出现官员与传教士这样的对话："尊敬的地理学家，您能把大明王朝放在地图中间吗？"因为清朝没有亲历世界的斗转星移，没有体验迅速发展的工业文明，骄傲自满而想当然地以为自己是"天朝上国"，其他国家都是蛮夷，最后竟然落得一个"被瓜分"的下场。

从科学研究方面来看，它也重要。欧洲中世纪的医生，就是因为畏惧"上天的惩罚"，而从来没有亲自解剖过人类尸体，最后，竟得出了"人有12颗牙""血液是蓝色的"这样可怕的结论和一套相当古怪的医疗方法。

可是，在文学创作上，这个规律好像不十分适用。难道必须要亲自经历过、亲眼看过的事情才能写吗？写《西游记》的吴承恩老先生难不成要骑上白马，自己去西天见一次佛祖，取一次经？刘慈欣写《三体》时总不能去一趟外太空吧？

但这并不代表我们应该没有任何根据和体验地瞎编。因为写作，不仅讲究身体的亲历，更强调生命体验的"亲历"。

荷塘，我们每一个人都看过，可只有朱自清写出了"微风过处，送来缕缕清香，仿佛远处高楼上渺茫的歌声似的"。燕子落在电线上，是春日里惯常的景色，可偏偏郑振铎就写下了"蓝蓝的天空，电杆之间连着几痕细线，多么像五线谱啊，停着的燕子成了音符"这样的佳句。我们普通人却不能为，那是因为我们仅仅身体亲历，身体在场，而心灵、精神却常常缺席。

吴承恩虽然没踏上漫漫的、充满奇险的取经路，可是他在心中已不知把这条路亲自走过多少遍。还有茨威格、施耐庵、老舍……伟大的作品一定都带有作家自我深度的心灵体验、精神体验、思想体验，作家只有这样才能写出一部部脍炙人口的名著：《人类群星闪耀时》《水浒传》《骆驼祥子》……

　　亲身经历一遍，当然是重要的，没有它，人就不能成长，国家就不能发展，科学研究就不能成功。可是，比它更重要的是生命体验的内在真实。只是片面强调身体的亲历，我们无法真实感悟也无法内在生成。

心海笔姿

　　这是一篇因为年龄原因还有些稚嫩，但却一气呵成的议论文。写作真实的缘由是老师布置了一篇作文，要求以"触动"为题，写一篇文章，而小作者写的是托尔斯泰的触动。老师否定了这样的文章，主要的原因是你又不是托尔斯泰，你怎么知道托尔斯泰的触动，文章一定要写自我亲历之事，这样才能感动人。小作者不服气，故此才有此篇创作。

　　这篇议论文，结构依照探究的纵深展开，自成体系，而且这个体系是有一定思维含量的。作者先是阐释"亲历"的重要性；然后指出就文学创作而言，我们一般意义上的"亲历"恐怕并不适用；接着指出心灵、精神、思想在场是更高级的"亲历"；最后还指出片面强调身体的"亲历"危害性何在。因为小作者有内在的自我充足的"理"在，所以她在文字上也不忽闪游移，文字前后畅通，神完气足，侃侃而谈。古今中外，国家发展，文学创作，诸多领域，援引自如。

常听人说，小学生、初中生还小，认识能力尚浅，还写不了议论文，我想在这里有几方面的内容需要进一步澄清。

①就写作难度而言，记叙文一定就比议论文更容易吗？我的基本结论是未必如此。"我的妈妈"真的就好写吗？写一篇"我的妈妈"的记叙文，就一定比写"怎么才能成为一位好妈妈"更容易吗？其实，选择文体，是表达需要使然，是人的个性特征使然，使用怎样的文体进行表达，应该完全是人自由而独立的选择。我们老师包括命题者，没有权利替学生在表达之前做出判断。

②写议论文需要学生的理性认知能力，那么写记叙文难道就不需要学生的理性认知能力吗？冰心曾写过一篇脍炙人口的记叙文《小橘灯》，《小橘灯》里就没有冰心对生活的理性认知吗？可见，理性认知力不是区分文体最重要的依据。

③文体是自然表达出来的，而不是被强制要求出来的；当学生有了充裕的自我表达愿望的时候，有了支持他这种表达必要的积累与认知的时候，文体其实就是个表达形式的问题。学生将自我存在心中的话说出来之后，基本的文体便有了。本篇小作者的文体知识，就没有人为她专门讲过。当然，更高级的文体规范，应该是随着小作者进一步表达的需要自然而然提上

日程的。

④到了高中阶段，我们要求学生写议论文，但我们不少学生议论的能力和水平不容乐观，于是我们便想了很多的"办法"。高考作文年年辅导，无论是学生还是老师往往最需要的就是找到屡试不爽的那种程式化的作文应对套路。有了套路，基本的文体规范就有了，再往里面尽可能塞上一些素材，文章的基本分数也就有了。

⑤优质议论文的思维深度，绝不是在高中阶段一蹴而就的。人的思维发展、认知能力的发展应该是持续不断的过程。没有小学阶段、初中阶段思维的有效发展，认知能力的必要提升，思维的不断锤炼，怎么可能一上高中，学生就拥有良好的议论能力呢。

作为老师，我们需要尽力推动学生内在充分的发展，如若真的做到了这一点，文体规范与思维深度或许就不再像如今这样成为"大问题"了。

在方法流行的时代，比所谓方法更厉害的武器是——想法！

笔尖眺望

前几天，去一所学校。这所学校的一位老师，诚挚地向我发出了邀请。她说："连老师，我们诚挚地邀请您，想让您给高二年级的学生讲讲作文。"我见老师说得诚恳，就和她攀谈了起来。我说："老师您是不是觉得我有很多种方法，和学生们一说，他们依托于这些方法，作文成绩就能得以提升。您想知道哪些方法？"这位老师莞尔一笑说："您千万别舍不得呀。"我说："在这个方法流行的时代，我其实还有比方法更厉害的武器，您猜猜是什么？"这位老师谦虚地摇摇头。我说："我比所谓方法更厉害的武器是——想法！"

接下来，我们来试看一道高三模拟作文题及题后接近满分的一篇范文。

【命题】

阅读下面的几则材料，根据要求写作。

日前，某地一辆公交车上，一位四年级的小学生在短短12分钟内连续四次让座。他的暖心行为被拍成视频，获得几百万人点赞。

近日，某地一位在大学门口做生意的老爷爷，为7元一份的小吃，做了个二维码。没想到有些人欺负他年纪大了不会用手机，付款转账都是1元，还有0.1元甚至0.01元的！老人对记者说："我本来以为这里的人有文化、素质高，都靠得住。"

某著名演员在一次访谈节目中谈及他的母亲："她常对我们说'好事给人家传，坏事不要给人家传''遇到人有难处，能帮一把就帮一把'……她没文化，却有美德。"

某地那所大学的一位教授知道了老爷爷的事后，感到过意不去，他专门去向老人道歉并送上100元，说："不管是不是我的学生，我都有责任，我们应该教育好这些孩子。"老人没有收钱，但被感动得落了泪。

．．．．．．．．．．．．

我们谈论一个人的品德时，常常会联系到他（她）的文化水平——受教育程度、学力。一个人的品德水准与文化水平有何关联？请以"品德与文化"为题，写一篇议论文。

要求：观点明确，论据恰当充实，论证合理。

范文：

品德与文化

北京市西城区某考生

"人只要尽心竭力，对社会的价值是没有分别的。"这是哲学家冯友兰先生说过的一句话，一直激励着我，无论学习成绩好坏，时刻都要尽心做一个好人，一个对社会有用的人。所以在我看来，一个人的文化水平，或许会影响他的认知品德，但文化水平高低不会决定其品德优劣。

精致的利己主义者，这个词你一定有所耳闻。每天穿梭于繁华城市的高精尖人群，为了自己的利益，巧言令色地讨好，甚至陷害别人，他们无暇顾及别人的感受，如高学历的高铁霸座男，又如向司机泼热水的硕士女。我不禁感叹：文化水平再高，又有何意义？

文化教育的初衷和目的，便是希望我们走上社会的那一天，能够以善相报。12 年的素质教育，让我从《论语》中熟知"德不孤必有邻"，从庄子《齐物论》中学习"道隐于小成，言隐于荣华"，从班固《汉书》中了解"清虚以自守，卑弱以自持"。不得不说，大多数人的人格修养来源于文化教育。

但做一个有品德之人，却不需任何文化成本。比如没有文化，却懂得以善报诸社会的女演员；再如刚上四年级，却懂得谦让的暖心小学生。他们没有高学历，却对社会和身边的人们给予最温暖的关爱与帮助。这不正是我们所追求的吗？冯友兰先生提出，人生三事：立言、立功、立德；立言靠天赋，立功靠机缘，而唯有立德靠一生看似平淡的坚持。所以，如果你文化水平不高，不要自卑，只要做一个有品德之人，你就是这个浮躁社会的一道光。

同时，切勿让爱消失在任何角落。当老爷爷起早贪黑，却成了人们投机取巧的"捷径"，当文盲奶奶对学生的爱心，最终只换来 1 元施舍，这多么令人痛心！难道没文化的人的高尚品德，就该这样被欺辱？当然不能！去尊重与关爱每一个好人，他们是这个社会最美的光！

当看到徐本禹放弃研究生学位，而去无偿致力于乡村支教，当欣慰于屠铮放弃日本留学资格而毅然成为一名无国界医生，当感动于那所大学的教授对老人的歉意与对学生教育的决心，我坚信，这个社会，定会充满爱与光明！

无论何时，要努力实现自己的文化追求，更不要忘了尽心竭力做一个品德高尚的青年！

心海笔姿

我知道这篇作文得高分的原因：在大量无话可说、只能简单演绎现有材料的文章中，这篇作文是有"论"的，即这是一篇有自己观点的文章。但这样的"论"依然不是我所期待的。先不说此篇的"论"逻辑顺序是否还有调整的余地，我以为此篇高分作文最大的遗憾是没有深刻内在地解释作文题干所涉及的问题，即此篇并没有真正回应核心问题。

其一，上述材料说明：品德与文化（文化是个很大的概念，此处文化的确切含义是受教育程度、学力）没有必然关系。

其二，一个人"上过学"和真正受教育可能是两码事。一个人"上过学"，可能只是意味着考了几次试，排了几回名，然后就毕业了。如若我们的学校教育，没有内在真实地触动人的内心，让人在内心深处更丰富也更辽阔，更壮阔也更悠远……不是将完整意义上的"人"作为培养目标的话，那么人是很容易容器化与工具化的，加之模式化、简单化的说教，人更是会越做越空，越来越躯壳化。这样的人会越来越懂得配合与虚与委蛇。而这些引以为傲的"荣光"与"实惠"恰恰会戕害与封闭"人"。作家张炜在评价陶渊明时说："那种物质和世俗层面上的所谓成功者。一生要折损多少个人尊严，埋没多少精神觉醒。无数的委屈接受下来，渐渐就会让一个人精神麻木起来。让他的尊严长时间地睡去，怕是再也拍打不醒。"上学，原本是为了让人觉醒，而我们将"上学"仅仅理解为找到好工作的途径与手段。

其三，一个人基本而重要的道德原则是扪心自问，由己及人，不失人的本真与本心。好的文化教育就是呵护我心，一个人一旦缺失了自我美好内在的保存与发展，哪有真正意义上的"道德"可言。

其四，从以上论证不难看出：真正意义上的文化教育是有助于人的品德提升的。我们的社会需要在不断提升国民文化素养的同时，不断完善人的道德修养。

以上的这些想法算不算"方法"呢，我以为既算也不算。之所以说算，是因为如若按这个逻辑去思考，去论证的话，文章很快就会建立起一种论证结构。文章的大事，也就料定了。之所以说不算，是因为这样的想法，其实不是诞生于一天、一时。我想在我们的教育过程当中，在我们的语文课当中，难道我们不应该涉及这些对教育的畅想以及对人文的基本思考吗？如若这些畅想和思考都在，并且是不间断的，那么等学生到了高三，面对题目，畅所欲言，阐发个人心中之主张，吐露自我胸中之块垒，一篇作文也就自然成就了。那么，这样的想法就不是我们一般意义上所流行的方法了。从这个意义上讲，在方法流行的时代，比所谓方法更厉害的武器是——想法！

要鼓励学生写有态度、有观点、有判断的文章

笔尖眺望

前几天，我去一所学校，发现老师们在传一件事情，据说某位初三的老师，有一套写作的方法，只要一用，任何人都能获得作文高分。我看大家议论得很热闹，便凑过去打趣说："那要看谁来评价，如若让我一看，一个个都'归于本位'。"一位老师听后说："连老师，你可不知道，中考是如何阅卷的！"我诚然不知道各地中考到底如何阅卷，但我知道阅卷的是老师。难道是我们的老师先将作文的合理评价标准混淆颠倒，然后再对那一套获得高分的方法趋之若鹜？我们每一位教师应该尊重并且相信自己的教学。

事情有许多复杂性，我或许并不完全知道，但我知道一

点：语文有意义，我们才能有意义。事情有许多复杂性，我或许并不完全知道，但我知道，好文章诞生的条件有很多，但有一点不可缺少：那便是我们要鼓励，而且还要奖励学生写有态度、有观点、有判断的文章。有态度、有观点、有判断，这"三有"是一切优质议论文的发动机，甚至是一切好文章的发动机。发动机一旦打开，写出好文章便是指日可待之事。

下面，我们一起看一下秦汉麟同学的一篇如何对待西方节日的文章。

兼收并蓄，自信而立

秦汉麟

在包容、开放的时代背景下，世界各地的节日传入中国，文化交融无可厚非。然而，对西方节日过度宣传，部分人极力推广乃至商业运作，使其过盛，甚至有侵入之感。于是乎，人们对"洋节"的讨论铺天盖地。而我的态度是，不卑不亢，既不过度宣传，也不矫枉过正。树立自己的文化自信，文化输出，才是重中之重。

所谓洋节，要分国际性节日和宗教性或带有地方特色性的节日。国际性节日，例如妇女节、劳动节、元旦，是共识性的节日，不是为了某一个国家或者某一个派别的宗教而设立的。因此，那些宣扬西洋节日要抵制的言论，无疑是矫枉过正、偏激之谈。如果这样的国际共识都不能达成，那势必会走向夜郎自大、故步自封的境地。

对待宗教性、地方性节日，既不过度宣传，又保持尊重，并且可以消除其宗教内容，而适当地做商业引导。平安夜、圣诞节、万圣节等，是宗教性和地方性的节日，在我看来这些节日之所以容易被过度商业化宣传，是因其娱乐性较强。例如万圣节就相对轻松，而我国的许多节日，例如清明节、端午节、重阳节并不适合做娱乐性的商业活动，这是节日自身属性的原因。而过度宣传，很大一部分是为了迎合市场，迎合人们对于娱乐"凑热闹"的需求。但本质上，圣诞节还是基督教的节日，只有基督教徒才能真正从内心领悟节日的真谛。至于在中国，一棒子打死圣诞节实在小气，且有失自信，应适当宣传，顺其自然。但是如果有图谋不轨者想要借题发挥其他的意义或者作用，那么就要抵制无疑。

中华节日，也不全然是我之前所提到的那些比较沉重的节日。春节、元宵节、中秋节是我们阖家欢聚的美好时光，体现了我们中国人对于家庭、亲情与团聚的重视。与其担心外来文化的冲击，不如把自己的文化节日营建得更好，更有味道。商家在春节、元宵节等节日做出比圣诞节更好的商业活动，在当今的时代背景下如何充分发挥其文化内涵，发展其文化内涵，并且提升创造其文化内涵，这是摆在我们面前的大课题。学校在教育上开展传统文化教育，力争做得更丰富多彩，让年轻人喜闻乐见。

人们对"洋节"的讨论铺天盖地，而当务之急是树立自己的民族文化自信！自信一旦足够，何愁外来节日的侵扰？我们的过度担忧，本质上还是不够自信。

兼收并蓄是对外来文化的态度，我们也要加强自己的文化输出，让世界通过中国节日认识中国。

自信而立，不卑不亢，此为良策。

心海笔姿

关于如何对待西方节日，社会上曾有不少讨论。有的学校老师，干脆和学生说，我们是中国人，就不该过西方的节日！秦汉麟同学则有他自己的主张。他开篇即提出了自己的核心观点："不卑不亢，既不过度宣传，也不矫枉过正。树立自己的文化自信，文化输出，才是重中之重。"

接下来汉麟同学将西方节日划分为两类。一类是国际性节日，例如妇女节、劳动节、元旦，对于这样的节日，我们纵然是中国人，但如何能不过呢。第二类是宗教性、地方性节日，汉麟同学的基本观点是："既不过度宣传，又保持尊重，并且可以消除其宗教内容，而适当地做商业引导。""但是如果有图谋不轨者想要借题发挥其他的意义或者作用，那么就要抵制无疑。"这是汉麟同学的补充强调，见出了作者的周全和谨慎。

　　我特别赞赏汉麟同学对待中国传统节日的态度及建议："与其担心外来文化的冲击，不如把自己的文化节日营建得更好，更有味道。"我们的节日里有严肃的、怀念性的节日，也有娱乐性很强的节日，例如春节、元宵节等等，种类繁多，蔚为大观。但随着时代的发展，一些传统节日既有的娱乐方式、承载方式可能已然与时代发展不同步，需要我们进一步拓展这些节日的内涵并开创新的节日承载方式、娱乐方式与时代发展相适应。例如过去春节很重要的一部分喜庆的气氛靠穿新衣和大吃大喝来承载与体现，现在随着时代的发展与社会的进步，我们相当多的中国人不再需要必须在过春节的时候才穿新衣，大家也逐渐认识到大吃大喝不利于健康，进而开始寻找新的娱乐方式与度假方式。过去，燃放烟花爆竹是中国人长期以来在春节的娱乐方式、庆祝方式；近些年，随着空气污染的加剧，国内不少大城市禁止燃放烟花爆竹了，这样自然有利于空气净化，但确实缺失了不少过节的热烈欢庆氛围。这些都需要我们接过祖先手中的"接力棒",在社会现有及未来发展的趋势中,为我们古老的节日赋予新的内涵与创造新的方式。这是我们这一代人的文化使命与责任。汉麟的文章,如若在这些方面展开自己更充分的论证,甚至提出自己更翔实的建设性建议及主张,就更具可读性了。

我亦赞同汉麟最后的判断及主张:人们对"洋节"的讨论铺天盖地,而当务之急是树立自己的民族文化自信!自信一旦足够,何愁外来节日的侵扰?

我觉得一篇好的议论类文章,写起来,似乎并没有那么难,也不需要那么多所谓的方法。亮出自己的态度,表明自己的观点,拿出自己的判断,然后再文通字顺。其实越是有自己的态度、自己的观点、自己的判断的文章,越容易做到文通字顺。文随意转,这是文章亘古不变的基本规律。一般人的文章,如若达到了这样的程度,那已经是很好的文章了。你的得分,也已经很好了。我们或许不需要那么多的打听,那么多的不自信,甚至那么多的趋之若鹜。改变我们教师自己,就是改变作文,甚至是改变教育。

写作，最需要我们阅读中深挚积累起来的风暴

笔尖眺望

香港教育大学在北京师范大学曾开设语文教育沉浸式课程，特邀我去和香港教育大学的学生对话。对话过程中，学生们一致反映中学老师特别喜欢讲文言文，对现代文则兴味不足。经过与学生们充分研讨，我们达成以下几点共识：①中学老师之所以喜欢讲文言文，是因为"有的讲"，因为文言文中有稳定的、容易呈现的知识化的内容，例如：实词、虚词的意义及用法，文言语法现象，等等。见到这样的内容，我们的老师觉得实在、充分，特别好把握，于是这些内容自然便成为课堂最主要的内容了。老师们觉得教得充分，考得现成。所以每讲过一篇文言文，一般喜欢随即再出一张知识性考查的卷子，

有讲，有练。于此基础上，学生一旦考试有失误，老师们自然会有憋了一肚子的话等着对学生宣讲呢。②现代文的情形，则大大不同，最大的教学问题，是没有什么可讲的。该说的，作家似乎已经说完，学生每个字都认识，都知道基本意思，那课堂还要说什么呢。教师实在不知道自己该说些什么，这样，《教学参考用书》就派上了大用场。类似这样的教学情形，在我们的课堂中还不同程度地存在着。

在这样的情形下，阅读与作文之间没有内在的关系。于是，教学上有了读写结合的提法，大体的做法有：以优质的现代文为依托，进行仿写；或者从现代文中总结出作家的写作方法，如以小见大、先扬后抑、象征、卒章显志……此外，现在较为流行的做法是让学生写鉴赏性质的文字。这些做法，对学生的写作当然会有所推动，但主要的推动还是技能方法层面上的。我以为，充分而真实的阅读对写作最大的推动，是构建一个人思想的格局，是帮助一个人深挚地积累心中的风暴。当然，阅读，不必也不能总是和写作人为贴合。人为贴合太多，对写作可能恰恰构成了一种内在的阻碍与伤害。只有在充分而真实的阅读的追求中，我们才会被阅读的力量引领到无限开阔与无限深广的地方，在那里我们沐风雨、听惊雷、观群山高巍、见砯崖转石……在那里我们感受到的与理解到的，汇聚交叠，日日成长，内在而深刻地构成了我们写作最为重要的一道源泉、一支力量、一队浩浩荡荡的不吐不快……我们思想的大树、心中的风暴都和纯挚的阅读有着内在而密切的关联。

写作，除了纸笔之外，还需要我们心中的风暴。心中的风暴不断，笔下的文字便永远不会枯竭。

下面，是一位初二学生的作品，没有阅读的良好作用，我们相信，她的笔下不会有此等倾吐与表达。

那颗种子，只为剪掉思想上的辫子

连日曈

提及候鸟，想必大家都不陌生。深秋时节，它们从萧瑟的北方飞抵温暖的南方；来年，它们又将北归。但是，我今天要说的不是一种鸟，而是具有候鸟精神的人：他们飞离了故土，但故土情深，无论在外羁留多久，他们终将回来。与此同时，他们还将衔来一颗颗历经"异域"文化滋养的种子，将它种在"北方大地"——他的故乡，那贫瘠的土壤上。

在中国，就有着这样一只"候鸟"，他就是鲁迅先生。他远渡重洋，抱着"救治像我父亲似的被误的病人"的信念来到日本学医。在日本，他找到了思想的绿地。如果他没有去日本，那他也许只能是一个李贽那样的人物。①

　　他学会了以怀疑主义的视角，认识两国之间的差异："中国的教育只是让人盲目地信仰什么，自主的判断是微弱的。那结果造就的不过是些奴才。"② 他说："外国用罗盘针航海，中国却用它看风水。""我们极容易变成奴隶"……久而久之，在中国文化与异域文化的强烈碰撞与摩擦中，一颗种子孕育而生——对国民性的认识、批判和揭露。

　　"候鸟"终究会归来，他的命途，在他的故国，在他的家园。旅日七年，1909年鲁迅自日本回国。很快，一篇篇作品相继诞生了。在《药》中，他写道："天下是我们大家的"。在《我要骗人》中，他饱含深情、不无忧患地说："中国的人民，是常用自己的血，去洗权力者的手。"在《一思而行》中，他又说："一个名词归化中国，不久就弄成一团糟。"他在不懈地努力，深掘黑暗而坚硬的土地，力求将种子深植人心，借以拯救唤醒国民。

　　种子深藏在思想的深处。当然，作为一个中学生的我

---

① 孙郁．日本经验//鲁迅忧思录．北京：中国人民大学出版社，2012：33．
② 同①35．

自然没有看懂它的意味。当我小学时第一次阅读鲁迅，唯一引起我兴趣的是百草园的泥墙根、传说与笑话、偷罗汉豆子吃……但随着我的成长、认识的逐渐成熟，我渐渐看到了那颗"种子"的价值和意义：去掉肉体上的有形的辫子很容易，只需一把锋利的剪子就可以了；但剪掉精神上的辫子，谈何容易。这些种子只有植入我们民族的思想意识中，内省反思，才能最终破土而出，长出象征民族真正富强繁荣的蓊郁大树。

有人把鲁迅的作品喻为匕首和投枪，但我却更愿意将其比喻为种子。匕首、投枪更多带有"破坏性"，但鲁迅真正的心愿却是彻底改变国民性，是郁郁葱葱的建设。同时，我希望，能有越来越多的人发现这颗种子，爱护这颗种子，尊重这颗种子。将这颗种子深植在我们思想的深处。

我想用艾青的诗句向鲁迅这只伟大的"候鸟"致敬：

我也应该用嘶哑的喉咙歌唱：

这被暴风雨所打击着的土地，

这永远汹涌着我们的悲愤的河流，

…………

——然后我死了，

连羽毛也腐烂在土地里面。

是的，诗人戴望舒在《我用残损的手掌》中也说："因为只有在那里我们不像牲口一样活，蝼蚁一样死……那里，永恒的中国！"

我，多么愿意自己将来也成为一只候鸟，展开巨大的羽翼，飞向世界各处，将一粒粒种子衔回我的故土。当然，我也会将故国的种子，衔到世界各地去。

我想起了一只候鸟，想起了一颗种子。那颗种子，只为剪掉思想上的辫子。

心海笔姿

阅读鲁迅，对学生而言，确实很难，而这恰恰构成了鲁迅的骄傲。伟大的作家，不会止于眼前一般的价值与发现，他的思想犹如一队锐勇的铁骑，往往喜欢"孤军深入"。他无限深广的思考与触角，早将这支铁骑驰纵到前人罕至的"无人区"。能深入这样的"无人区"，是伟大作家永恒的骄傲，也是他们奇崛独特最为充分的明证！这样的"无人区"常常会令我们感到茫然失措，迷惑不解，力不从心；但真正的读者，一定不会因此而停下来，他们知晓唯有无限地接近与靠拢，才是我们得以抵达与突破自我的必由之路。这样的阅读，促使我们向无尽开阔与高远处挺进，在充分的碰撞与对话中，理解这个世界最重要的一些道理，发现最宝贵的一些真相，诞生最隽永的一些情怀。

这样的阅读状态在日常越是能充分有效地发生，"遭遇"题目的时候，我们便越是容易旋起心中的风暴。当面对"候鸟衔来的种子"这样的作文题目时，作者心目中"候鸟"的情状一步步清晰起来，与自己心中既有的"风暴"自然地关联在一起。鲁迅先生，不就是这样一只"候鸟"吗？孙郁先生的观点，点醒了作者，是的，"如果他没有去日本，那他也许只能是一个李贽那样的人物"，异国他乡，为这只"候鸟"孕育了一枚重要的思想的种子。异国他乡的"气候"与"土壤"，对鲁迅先生最终决心做文艺，无疑起到了重要的作用。"他学会了以怀疑主义的视角，认识两国之间的差异：'中国的教育只是让人盲目地信仰什么，自主的判断是微弱的。那结果造就的不过是些奴才。'"

"候鸟"无论飞多远，他终究是要"北归"的。作者对《药》《我要骗人》《一思而行》等作品中语句的引用，是准确且有力的，充分表现了鲁迅先生渴盼将一颗宝贵的种子深植于民众之中的努力与求索。

作者回忆了自己自小学起阅读鲁迅的经历，年龄渐长，理解日深。"去掉肉体上的有形的辫子很容易，只需一把锋利的剪子就可以了；但剪掉精神上的辫子，谈何容易。这些种子只有植入我们民族的思想意识中，内省反思，才能最终破土而出，长出象征民族真正富强繁荣的蓊郁大树。"作者能有这样的见识，不虚言，不卖弄，不藻饰，恳切地表达自我的主张，值得我们为她喝彩！作者虽小，但她基本的认识与鲁迅先生的思想，已经很接近了，鲁迅曾说，他写《阿Q正传》是要"写出一个现代的我们国人的魂灵来。……要画出这样沉默的国民的魂灵来，在中国实在算一件难事，因为，已经说过，我们究竟还是未经革新的古国的人民，……我虽然竭力想摸索人们的魂灵，但时时总自憾有些隔膜"。

"有人把鲁迅的作品喻为匕首和投枪，但我却更愿意将其比喻为种子。"作者如是说。细读全文，似乎种子比匕首和投枪更符合鲁迅先生的本意："有人在贬低鲁迅的意义时，常常说鲁迅只有破坏，没有建设。他们根本不理解鲁迅思想本身，就是对中国思想文化的建设性贡献，是20世纪中国和东方思想文化遗产中，最重要的组成部分，而就具体操作的层面而言，在我看来也很少有人像鲁迅这样为中国的文化建设和积累，而呕心沥血，这自然是否定者视而不见的。"①

艾青的诗句，戴望舒的诗句，在全文中都起到了重要的作用。特别是戴望舒的诗句，饱含着诗人深挚沉痛的爱与求索，意味无穷，激荡人心。放在原文，与鲁迅先生深沉的情感融为一体，让人心生无尽的喟叹！

我们的写作，不仅需要纸和笔，不仅需要作文题目，不仅需要范文，不仅需要一般意义上的"读写结合"，不仅需要写作方法的指导，我以为最需要的是我们每个人在充分而真实的阅读中，于心中深挚积累起来的那些风暴。

我们期待在充分而真实的阅读中，我们每个人都能深挚积累自己心中的风暴。因了这些风暴，我们笔下的文字更加真实而富有价值。

---

① 　钱理群．鲁迅九讲．福州：福建教育出版社，2007：215．

"内心"的表达突破，就是"技法"的充分实现

笔尖眺望

教写作，就是教写作技法，这似乎已经是我们写作教学的某种共识与共同操作。写作技法名目繁多、种类丰富，有传统的，也有自编的，真是不胜枚举。据说，这样做，很吸引人。

那么，写作的一些技法到底要不要学呢，在哪里学？就我自己的写作与教学实践而言，深入内在的阅读其实是学习写作技法最重要的途径与手段。很多时候，写作技法不是在为学而学中学得的。我的经验是，它恰恰是你在感悟一部作品震撼人心之处时，渐渐领悟的。这样的领悟，是在对优质作品宏大深

沉内容的感喟思考之中，渐渐关注到作品的所谓技法。一部作品的思想与技法是连成一体的，其实根本无法拆解。

当然，更需要强调的是，写作最大的技法是对文字的驱遣、安排、运用的技巧，这些技巧更需要沉浸在作品中渐渐感受到，理解到，直至自己内心的起伏与文字的情绪融为一体，连成一片。

另外，我们应该思考的是，写作技巧是如何运用的。学了，不就为了用吗？技法不是静态的、凝定的、孤立的、单摆浮搁的；不是像摆在兵器架上的那些兵器一般，用的时候，顺手一抓。更没有将写作的技法一一陈列，为用而用，从而获得写作的乐趣的。技法是在内心表达愿望的强烈驱遣之下，随着自我内在表达的需要，自然而然运用于笔下的，是不知不觉的。也可以说，其实在写作中，我们更关心、更在意的是我们的表达状态与表达效果；为此，我们自然要在不知不觉中调动"手段"。写作目的是显性的，写作技法是隐性的。我们有时会得意于我们的手段与技巧，但我们更得意的往往是我们的表达愿望与表达效果的充分实现。

有人肯定会说，你说得太难了，我没有时间做到这些。那我想反问：你的语文课都干什么了？

下面，我们一起来看一篇文章。

老人倒地，该不该扶？

高雨苏

我看见一位老人倒在地上，我不知道该怎么办。

我看见老人的身躯因痛楚而颤抖，听见老人微微的呻吟，心中一痛，如果这是我的爷爷，我一定会毫不犹豫地将他扶起。而在我面前的这位老人一定是别人的爷爷，我代替他的孩子将他扶起似乎是天经地义的，也许以后的某一天，我的爷爷不小心摔倒了，也会有好心人替我扶起我的爷爷。想到这里，我疾走两步上前，想要扶起倒地的老人。

老人的神情越来越痛苦，呻吟声也越来越弱，就在即将触碰到老人时，我犹豫了。我想到了近几年媒体不断报道的种种"好心人被摔倒老人诬陷"事件；想到了好心人伸出援手之后却没有得到感谢，反而赔了医药费；想到了老人们面对镜头时那副刁蛮的神态。假如我上前扶起了这位老人，他诬陷我是我撞倒他的该怎么办？赔些钱是小事，但人品受到侮辱是我不能忍受的。想到这里，我不自觉地收回了手，转身打算离开，虽然良心有些不安，但是"总会有人去扶他的吧？"，我这样安慰自己。

我向远处走去，走了几步忍不住回头，我看见老人仍躺在地上，很久都无人理会。终于，我的良知战胜了理智，向着老人走回去。也许，很多人和我有着相同的看法，总怕招惹上麻烦，没有人愿意扶倒地老人，所以才导致惨剧发生。老人是无辜的。我们每个人都有衰老的那一天，他们就是未来的我们。我们这样漠视摔倒的老人，自己老了以后，又怎能渴求他人的善待呢？我再次向老人伸出了手。

　　然而，我再一次犹豫了。我是一个受不得委屈的人。万一，万一他真的要讹我，我还不得悔青了肠子？要不，我先跟这位老人做个商量：我扶了他，他不能诬陷我。我刚要开口，却看见老人躺在地上一动不动，呻吟声也消失了。我轻轻地动了动他，原来，他已经没有了呼吸。死了？一个生命在我面前消失了？！我猛地回过神来，是我害死了他？我看见老人的双目未瞑，被磕破的额角流出了血，他的表情像在怨恨，怨我没有扶他起来。我的未来，将永远地背上一条人命？！

　　猛然睁开眼，心怦怦直跳。睡觉前忘了关窗户，夜风吹过来，浑身冰凉，手心却冒着虚汗。想到了刚才做的那个梦，心有余悸。人倒了不扶，人心倒了谁来扶起？

　　老人倒在地上，到底该不该扶？

心海笔姿

事情看似很简单，一位老人摔倒在大街上，扶他一下，本不是什么大事情，答案似乎想都不用想，小孩子都能做出非常肯定的回答。但作者却由此写出了自己内心深处的几次拉锯，几番挣扎。如果从技法的角度，说此文富有波澜，大概不为过吧。

从单纯的写作技法而言，作者这一部分写得特别有细节，有层次，有过程感，抓住了"阅卷老师的眼球，让人眼前一亮"。我想，作者笔下的细节、层次、过程等技巧，就更真实的作者内心的"颤动"而言，不过是一种真实的回归与照应罢了。诚如上文所言，写作的所谓技法，其实不是静态的，不是凝定的，不是孤立的，技法是在心灵的起伏与思维的徘徊之中自然生成与获得的，也就是说，写作技巧其实是在对内心的关注与突破之中，自然而然成就的。写作的时候，技法的运用，不是专门停下来，煞有介事想出来，而是在内心表达的过程中，自然运用与实现的。内心表达的突破，就是技法充分实现与展开的过程；层次、技法上的辗转，何尝不是作者内心的辗转。

　　本文第一层次"看见老人的身躯因痛楚而颤抖，听见老人微微的呻吟"，作者从别人想到自己，几番推想，都觉得应该去扶助老人。就在马上要扶的时候，转入第二层次。第二层次，老人的状况越来越坏了，"老人的神情越来越痛苦，呻吟声也越来越弱"。在"我"即将去帮扶的时候，"我想到了近几年媒体不断报道的种种'好心人被摔倒老人诬陷'事件"，"赔些钱是小事，但人品受到侮辱是我不能忍受的"。尽管良心有些不安，但想到总会有别人去扶助老人吧？几经思忖之后，决定不扶，文章转入第三层次。"我看见老人仍躺在地上，很久都无人理会。""终于，我的良知战胜了理智，向着老人走回去。"作者这个时候设身处地的反思，触动人心："我们每个人都有衰老的那一天，他们就是未来的我们。我们这样漠视摔倒的老人，自己老了以后，又怎能渴求他人的善待呢？"细思细想，道理确实如此。看来确实应该扶，文章又转入第四个层次。作者又思及，扶助老人后，老人将如何待"我"。"我"既拿不准，也非常担心，"我"对老人没有信心，也就是"我"对社会没有充分的信心。全文四个层次的转折，使文章摆脱了平铺直叙，富有波折，摇曳生姿。

　　一个看上去似乎非常简单的问题，放在复杂的社会背景下去考虑，就不简单了——老人倒在地上，到底该不该扶？"人倒了不扶，人心倒了谁来扶起?"

文的波折，不就是内心的波折吗?

我常常以为如若我们仅仅从技法的层面认识评价一篇佳作，那便是对这篇佳作的一种极度轻蔑。

"内心"的表达突破，就是"技法"的充分实现。有关这一点，是不是应该引起我们足够的重视与反思呢。

写作，更重要的事情是培育"人"的内心世界，是帮助"人"产生充分的表达愿望。"人"是写作的核心。

我已经写好了一篇文章，你来分析技法吧。

养与弄，途径不同，我们的作文自然就会走向不同的方向

笔尖眺望

如果以"看见"为题，写一篇作文，我们会写些什么呢？为什么要写这些内容，择取的标准是什么呢？优质文章与这些择取之间是什么关系呢？是什么帮助我们产生了这些写作内容呢？

我们日日都会看到许多东西。按照常情常理，似乎随处可写，目力所及，涉笔便可成文。但实际上，恐怕并非如此。我们往往将这种写作上的不成功，归因于语言不好，或者不会写作的那些"招"。这种对写作的认知，在我们的教育中还拥有非常广阔的市场。到底是什么决定着我们"看见"的特征与质

量呢？

　　"看见"这个题目，放在小学、初中、高中似乎都可以写。可是，面对题目，一位高中生成就一篇好文章似乎并不比一位小学生轻松。这是因为高中生所见虽多，但内容的斟酌与确定，却不是一件轻松的事情。写作，需要的并不仅仅是我们那双真实的眼睛。一流的文章，有赖于一流的内容；而一流的内容，往往并不仅仅有赖于真实的目力所见。在写作中，内心的眼睛比真实的眼睛更明亮也更透彻。内心的眼睛比真实的眼睛往往更具洞察力，也更有穿透力。

　　无论是就写作的质量而言，还是就写作带给人内心的愉悦而言，真正影响并决定我们"看见"的深度与广度的，往往是我们内心的那双眼睛。在写作中，内心的眼睛比真实的眼睛更通透也更明亮。

　　下面，我们一起看一道作文题及题后的文章。

　　【命题】

　　看生活，如何看见人情的冷暖？看人间，如何看见世事的真相？看史传，如何看见人性的善恶？看自然，如何看见生命的灵光？

　　看，需要眼睛；看见，需要头脑和灵魂。

　　你在你的世界里看见了什么？请将你独特的看见，写一篇文章告诉我们。文体自选，不少于800字。

看不见与看得见的陶渊明

陈潇

他是最乐于降低自己存在感的人。

百步的桃花林深处，似乎才真正保存着他的归心。官职于他，只算得上是不得已的谋生手段。几番调任，参军、祭酒至少是体面的差使，却成了他辗转徘徊的樊笼。八十余天，他逃离了彭泽县的官轿，从此勾去了官名，也淡出了时代，成为优哉田园一隐者。

从前或许还有官位的支撑，使陶渊明在世上尚存有几分功名。选择隐逸，逆万千文人的潮流而动，带给他的是彻彻底底的出世的寂静。他不像同时期的一些读书人，欲求官职而不得，于是用所谓的归隐乞求当权者片刻的回眸，用扮演出的清高兜售几分与众不同。陶渊明不一样。

一个人察觉到具有价值的事物被自己影响而产生，这种感觉即存在感。陶渊明不求对他人或他物有何影响，相反，他认为更有价值的是被自然所接纳并感化。农人与大地生机最为亲近，因此陶渊明的交际仅限农人。"眄庭柯以怡颜"，一句话说尽了他的自然本性。一棵树能与人有几分的共鸣？陶渊明几乎要说他自己本就是树，立于天地四野，只依本心。

所以他的存在感太低了，即使是那些五言的"真性情"之作，也并没在当时掀起些微的波澜。他同他的菊与园长眠几百年之后，才经由苏轼的引介得到文坛的关注。然而一个在当时都不甚瞩目的人，有什么理由在数百年后成为经典的文化名人？

因为他的"淡"，与万千士人的"浓"形成了太鲜明的对比。他的"出人头地"恰恰在于他从不追求出人头地，这使一条崭新的道路得以开辟，陶渊明则是先驱。除了做官，还有别样的生活，这种生活的情味与格局，陶渊明的生活即是展示。他创造的价值不是在已有的路上走得更远，而是另辟蹊径，让文人的生活方式与心灵居所更为丰富。此后，越来越多的文人，在寻求平静或暂别喧嚣时，手中或笔下，多了一束菊。直到如今，都市居民的心里，也或多或少留存着对桃花源的憧憬。

陶渊明，他把他的生命活成了风景，其气韵绵延至今，绵延入心。他没有什么存在感，他的存在感太强了。

心海笔姿

在人类历史上有无穷无尽的东西，在浩瀚的宇宙、博大的自然中有许多神奇美好的东西，等着我们去看。其实，我们特别容易被自己真实的眼睛、有限的目力所遮蔽，所封堵。有这样一幅漫画颇有深思的趣味：画的是一只井底蛙，带着自己的"井"，周游世界。这个"井"会遮蔽我们的目光，何况就算不遮蔽，其实一个人的目力终究是很有限的，我们直接的目力看不到历史，我们直接的目力看不到黑暗，直接的目力看不到被遮挡荫蔽的东西……世界上有太多的东西是我们直接的目力看不到的。只有当心灵的光焰亮起的时候，我们才能真正看见一些重要且闪亮的东西。在《故乡人》中，汪曾祺先生真切而温暖地看到了别人看见又看不见的那个"穿着妈穿过的皮罩衣，太大了，腰里窝着一块，更加显得臃肿。她也像妈一样，按着梯形竹架，一戳一戳地戳着，一步一步地往前走"的"小姑娘"。作者将自己无尽的同情与关怀投射到这位"小姑娘"的身上。当思考的力量"铁骑突出刀枪鸣"的时候，我们才能突破眼睛的束缚，甚至是困厄，看见肉眼见不到的更远的东西。"在变革中国的大潮中，五四一代的知识分子，或者说作家，在阶级批判的时候，大家都有一个基本的道德选择，那就是站到被侮辱与被损害的那一头，他们在批判'统治者'。这是对的。毫无疑问，鲁迅也批判统治阶级，但是，有一件事情鲁迅一刻也没有放弃，甚至于做得更多，那就是批判'被统治者'、反思'被侮辱'的与'被损害'的。鲁迅的批判极其另类。他的所谓的'国民性'，所针对的主体恰恰是'被统治者'。"[①] 鲁迅先生将自己独特而深邃的目光集中在了构成社会基础的"弱者"的问题上。这样的目力不但深远透彻，而且角度独到。由此可见，"看见"并不是一件容易做到的事情。一般性的肉眼看见容易，使用内心的眼睛看见不容易。

　　不少同学一看写陶渊明得了高分，所以一时间屈原、司马迁、陶渊明、苏东坡……中国文化名人纷纷步入考场。但因为是"为赋新词强说愁"，所以并无真知灼见。往往将人物简单化、标签化，甚至扭曲化。但陈潇的这篇却不是这样的。作者敏锐地看到陶渊明独特的生命价值与生命样式。作者首先指出了陶渊明的别样人生："他的'出人头地'恰恰在于他从不追求出人头地"。接着阐明这样的人生选择，深远而独特的意义："这使一条崭新的道路得以开辟，陶渊明则是先驱。除了做官，

---

　　① 毕飞宇. 小说课. 北京：人民文学出版社，2017：107.

还有别样的生活，这种生活的情味与格局，陶渊明的生活即是展示。"作为一个高中生有这样的认识与"看见"是让人惊讶与赞叹的！接着作者进一步阐明陶渊明生命之路独特而伟大的意义："他创造的价值不是在已有的路上走得更远，而是另辟蹊径，让文人的生活方式与心灵居所更为丰富。"因此，作者最后强调："他没有什么存在感，他的存在感太强了。"由于作者对陶渊明进入得很深，所以作者的这些"看见"独特深入而且非常富有启发性价值。

　　深入影响写作质量的，往往不是我们生理意义上的那双眼睛，而是我们内心的眼睛。作者内心的眼睛关注到生活，就引发了作者内心的震撼与斟酌。而引发内心的震撼与斟酌，恰恰是优质语文课重要的使命。学生的好文章是在优质的课堂与优质的阅读中"养"出来的，而不是使用那些流行的、我们耳熟能详的方法"弄"出来的。

　　养与弄，途径不同，我们的作文自然就会走向不同的方向。其实，在写作的背后，我们的人生也会走向不同的方向——因为，写作本身就是一种教育。

课堂里种下的种子，会在学生的作文里开花

笔尖眺望

写作当中一直潜伏着一个重大且关键的问题，始终没有得到应有的重视，当然更没有得到解决。那便是一个人的写作内容、写作激情、创作冲动从哪里来。在学生实际的写作中，这一直是一个神秘之域，我们没有意识去关注，更没有时间去关注，有时即便模模糊糊触及了，似乎也无能为力。学生该有的自然有，没有的自然就没有，如此而已。

一种认识暗中运行在我们的头脑中，我们笼统、模糊地将这一切归于学生的基础与天分。因为基础与天分很难改变，所以我们一门心思地以为写作最核心的突破是那些所谓的写作技法。将写作视为与"切白菜"等同的事件，于是，写作技法在

写作教学过程中大行其道。

　　还有一种比较"学术化"的认识，教写作的书，一般会说写作的内容得自观察，一般会有专门一章，唤作：学会观察。可是我们都有这样的写作体验，如果一个人心中无"物"——缺乏必要的基本的情感思想储备，纵然经年累月观察一个事物，可能见出的也只是皮毛和琐屑。我们试想这样一个场景：假如，我们每天都去观察荷花，是否可以写出类似于《爱莲说》的文章。我们可能观察到花开花落，叶卷叶舒，观察到荷叶上的小虫子蠕蠕而行（其实这些句子里已经有了心灵基本的映透）……但"予独爱莲之出淤泥而不染，濯清涟而不妖，中通外直，不蔓不枝，香远益清，亭亭净植，可远观而不可亵玩焉"，这样的句子是没有的。因为，如若我们心中没有于尘世间独立的坚强和与世相抗的不屈，纵然天天观察荷花，这样的句子也不可能从心而生。与其说是作者因为观察荷花而写成了这样一篇文章，倒不如说是作者心头的遗世独立遇到了自然界里傲然而立的"荷花"，两种"不染"的相遇与契合，最终造就了这篇千古名篇。解决问题的关键是"遇"而不是"看"。我们仅仅靠观察，是远远不够的。我不是否定观察，而是强调心中无"物"的观察，是解决不了写作的核心问题的，我们笔下的妙篇自然也是流淌不出来的。

就我自己真实的课堂体验而言，即便是很优秀的学生，他们的写作内容、写作激情、创作冲动也都有一个重要的来源，那便是课堂。丰足的课堂在某种意义上讲，支撑起了学生的一个个写作框架与空间，构建了学生创作的内在的丰沛力量。

我们来看看我的学生郑雨晴（后来考入清华大学）的一篇文章。这篇文章就是雨晴在学过王勃的《滕王阁序》之后，有感而发写出来的。

寻滕王阁

郑雨晴

当我透过照片，看到滕王阁，心中被大大的失落充斥着。我极力寻找着王勃笔下滕王阁的倩影，哪怕是一丁点的相似，却好像只有漆红的阁墙在与我呼应。尽力地捕捉，却让我似乎看到这样的一个场景：我看到滕王阁身后拔地而起的楼宇，层层压迫，对她大喊：“离开！你不属于这里！”我看到她强忍着泪水不哭，战栗却寸步不移。我听到她告诉自己：“我不能走……我等他回来……”

千年，她在等王子安回来，等那个看清她、看懂她的人回来。的确，王子安懂得滕王阁，懂得如何泼墨，将她定格为永恒。他的笔够细致，将平凡化为精美，秀闼与雕甍，在轻抚阁门之际，在俯瞰檐牙之时，尽现眼前；他的笔够生动，将俗艳化为鲜活，彩彻之际，仿佛阁道上的丹漆真流动起来，闪耀着诱人的光泽，就要滴坠下来；他的笔够刚劲，将笨重化为宏伟，即使再沉重，也显得稳健而不腐朽；他的笔够优雅，将朴实化为绚烂，"落霞与孤鹜齐飞，秋水共长天一色"；他的笔够蓬勃，将普普通通在当时已然沉寂衰老的一座建筑化为遥襟甫畅的圣地。

直到与王子安相遇，我才明白伯牙何以狠心弃琴而不将《高山流水》留传后世。正如王子安所说："钟期既遇，奏流水以何惭？"高山流水，只在知音耳中、心中才为永恒。同样一首曲子，在子期心中它是浩荡大河，是巍峨山峦，在路过的其他人耳中，不过是音符而已。高山流水，只为知音而在。滕王阁，便是王勃的"高山流水"。

怪不得，她会忍受世人的冷酷眼光；怪不得，她会忍受路人的冷嘲热讽；怪不得，她能忍受时间在她身上刻下重重伤痕。只为等到王子安，等到她再度绽放的一刻。现在，我真真切切地想去滕王阁看看。尽管我知道会失望，尽管我知道看不到"落霞与孤鹜齐飞，秋水共长天一色"的奇美之景，也听不到王子安"酌贪泉而觉爽，处涸辙以犹欢"的爽健之言，但我还是想去亲自聆听滕王阁，听她讲讲王子安。

如今，滕王阁是世人心中的无数与王勃永远的唯一。无数古建，滕王阁只是江西南昌的一座古建而已，这自然是人们对滕王阁的轻忽与蔑视。唯一是王勃赋予她的永恒。而神韵深处那个真正的她，我想，只有唐朝的那个王勃知道。

透过照片，我遥望滕王阁，看她只能映衬着身后高大的钢筋水泥建筑，或未来更加高大的建筑，她悄然地被现世的空间排挤，她心中默默的怅惘，只能化作声声沉重的叹息，伴着滕王阁浅浅的心跳，虚弱却倔强地延续着。

她定是等待着王子安的归来，又或是，另一个王子安的到来……

心海笔姿

写作当然要来源于生活，但课堂是不是亦是我们生活当中非常重要的组成部分呢？何况，生活本身是非常重要的，但生活本身，其实更像是一座矿山，如若我们不能充分开掘与提炼，一座矿山与一座普通的山好像并无根本的区别。若说写作来源于生活，那么写作为什么就不可以来源于课堂呢？某种意义上，美好的课堂恰恰是对我们既往生活的一种清点，一种提

炼，一种内化与发酵。内在充实的课堂让我们日常的生活
"活"了起来。

　　写作当然要来源于阅读，但课堂里难道不在诞生非常重要
的阅读吗？如若我们不能将自我内在的生命体验与阅读的文本
交织为一体，文本是文本，自己是自己，这样的阅读很难与自
己相遇。不能与自己相遇的阅读，在某种意义上而言，是一种
很难长久自觉维持、很难诞生兴味的阅读。

　　我以自己 2019 年秋季讲授统编版教材课文《故都的秋》
中的一个教学片段，来透视上述的这些状态。

　　师：请同学以"诵读"和"品味语言"为媒介，结合
自己有关秋天的生命体验，就你最感兴味的地方，谈谈在
作者笔下你感觉到了怎样一个真切的秋天？

　　生：我们初中的学校就有一株大槐树，每年秋天的时
候，槐蕊便会细细地落满地面。我是卫生委员，早晨到校
早，我就忍不住走上去，当然是穿着鞋的。（学生笑）即
便穿着鞋，我也感到了脚下的秋是细细的、软软的，秋意
是很深的。那种感受让人难忘。但作者说："扫街的在树
影下一阵扫后，灰土上留下来的一条条扫帚的丝纹，看起
来既觉得细腻，又觉得清闲，潜意识下并且还觉得有点儿
落寞。"这种感觉我就理解不了了，是不是因为旧社会扫

地的人穷苦，所以地上的纹路就落寞？

师：把景物化在了生活的体验里。轻柔的槐蕊，枯了落了，铺了满地，看了让人怜伤。脚踏上去，既清静又清净。这种清软、清浅的触觉，不像触在脚底，倒像碰在心上。作者以极闲极雅的心态，静观了秋天陨落满地的槐蕊。有同学，见过土地上扫帚扫过留下的丝纹吗？谈谈自己的感受。（学生发生错讹的地方，教师应灵转自然地加以纠正。深化文章内容，激发补充学生的生命体验。）

生：我的老家在陕北农村，小时候我住在奶奶家。我爷爷每天早晨都习惯拿大扫帚扫一次院子。我见过的。那丝纹真是既细腻又清晰，我曾蹲在地上，看过好久。我那时还小，没感觉到落寞，但我曾隐隐地感到秋天就要到了。

师：那为什么看到地上的丝纹，就感觉到秋天就要到了？

生：我也说不清，但当时似乎看着这丝丝缕缕的丝纹，觉得大地那么清寒，就于心底产生了一种秋意。（其他学生听得很专注，似乎感觉到了一点什么。）

师：我把这一段，再给大家读一下。在读的过程中，大家一边想象其间情境，一边感触作者心绪。（遇到难处，

"读"中悟。)

（教师读后，学生各自读）

师：清清寒寒寡寡淡淡的一个秋晨，寥落的几个人，寥落的几棵树，寥落的一条街……远处一个扫街的，在扫铺在地上秋晨里温暖的日照。细如发丝而又纤毫毕现的丝丝缕缕扫帚的丝纹画在干干净净的黄土上，既细腻又真切。细细的丝纹，将阳光切细碎了，将心情切寥落了，将秋寒切立体了；秋显得清旷而寥落。岁月与光阴就长在这些丝纹里吗？这丝纹一直会遥及天涯吗？天下皆是细腻可触的秋了吗？普天之下哪一处不是寂寥不是清寒不是寂静呢？谁的心不是一片秋之海呀。（学生听得眼睛晶晶亮。）

语文课，要能渗出很纤细的触角拨动人心，要在搅起自我内在美好生活体验的基础上，步入作家笔下的世界，在读者世界与作者世界交融的过程中，发现作品，也渐渐地发现自己。从某种意义上讲，语文课能走多远，我们的写作便能走多远。

雨晴也曾经这样"夫子自道"："自高中以来，语文真的对我影响不小。我越来越感受到文字的魅力，特别是当我遇到一些能引起共鸣或十分欣赏的文章、诗句，我总会深深投入到它们当中，不能自已。"

毕业十几年现居美国的王桢舒说："不觉想起了连老师的

语文课，上每一节课都充满了感动！记忆最深的是王勃的《滕王阁序》，我后来跟我的中国同学炫耀说，你们谁的语文老师能把课文讲得犹如电影一般？真的很感激您在高中对我语文方面的教育和点拨，不然，出了国真的会迷失自我，忘记自己的根本。"

写作，写作内容、写作激情、创作冲动诞生了，写文章就是一件自然而然的事情了。

雨晴的例子，其实还是一种很直接的外化。至于那种因了课堂的美好点滴而改变心理结构与思维结构，进而改变整个读写状况，甚至改变了人的整体状态的故事，今天就没有时间讲了。

没有"你"，我们的泪该流在何处？

笔尖眺望

不久前，去听一位很优秀的老师上作文讲评课。老师评析的作文题目是"为你流泪"。整节课，老师与学生共同关注与探讨的核心问题，可以归结为："流眼泪"问题。老师引导学生明确并调动一切写作技法，解决"流眼泪"问题。例如，你不能简单说"泪水流了下来"，当然更不能直接说"他哭了"，即便是"她啜泣不止"，也不好，因为这样写没有细节，没有描写，太直接，不生动。一般情况下需要强化细节，需要增添描写。

例如，写成这样是不是更精彩：晶莹丰沛的泪水，像断了线的珠子，沿着她洁白的脸颊无声无息地流了下来，噼噼啪啪地落在地上……

例如：眼泪大滴大滴地落下，她不动手去擦它们，任凭它们肆意流淌……

例如：她瘦弱的肩头在微微颤抖，纯真的脸庞和长长的睫毛上沾满了晶莹的泪水……

例如：你无语地递上纸巾，看她自己把脸上的泪水擦干净，可是刚刚擦完，泪水就又涌了出来……

例如：当一滴眼泪夺眶而出，流经嘴边的时候，他觉得眼泪咸咸的，泪水里充满了他所经历过的……

例如，还可以使用欲扬先抑的手法：我以为我很坚强，想哭的时候能够忍住眼泪，可是这一次实在是忍不住了……

此外，泪水如何在眼眶里转动也是有讲究的，可以说他的眼眶里蓄满了泪水，也可以说泪水在他的眼眶里不停地转动，还可以说泪水一下子打湿了毛茸茸的两只大眼睛……至于如何擦拭泪水也不能随随便便，可以用擦，也可以用揩，还可以用拭，甚至也可以不管，任凭泪水挂在脸上，让风儿去擦拭，这样是不是更感人，更有"眼泪"效果。

还有的强调思维，甚至还调动了思维导图，围绕"流泪"进行思维细化，例如擦拭如何细化与展开，眼泪的状态如何细化与展开，眼泪的流淌感如何细化与展开……

　　类似这样的作文讲评课，非常具有普遍性。对于写作的理解，不少人还停留在这个层面上。把教写作与学择菜完全等同起来。为数不少的人认为这样的作文讲评课，实实在在！老师教得实在有效，一节课学生学到了非常具体的极具可操作性的方法，写作有了这样的方法，便所向披靡。据说，一个不会写的学生，这样一教，他就变得会写了。

　　但我们想过没有，作文题目是"为你流泪"。如果学生的心中缺乏那个"你"，他的眼泪无论如何细化，如何生动，如何有感染力，对这位写作的学生而言，他的内心依然是无触动的，他用笔写下的并不是自己想说的话，更不要说特别想说的话，而特别想说的话才能成就好文章。从某种意义上讲，学生就是在学习并运用所谓写作技能、技巧，编织一套看似天衣无缝、花团锦簇却与己无关的谎言。谎言是不能成就人的内心的，谎言也是无法真正震撼人心的。

　　下面，是我的学生门娜丽莎高一时候写的一篇《为你流泪》。门娜丽莎平时是一个有爱心、喜欢助人的人，她曾在一个国际性组织里多年帮助世界各地患有唇裂的人。她有一颗活泼而敏感的心，我为她这样的心灵质地而感动。因为文章，说到底就是人心灵的图谱而已。

为你流泪

门娜丽莎

地铁站摩肩接踵的人群中，我寻找着出路，但却突然被玻璃墙后的一幅照片吸引。你其实是一幅平面广告，悬挂在地铁站台的对面，每天迎送上万的城市上班族。我多看了你一眼，尊贵和优雅从你身上散射出，洒在我的心上。驻足，与你相视，周围顿时变得宁静，只听得见内心的声息。此刻，我的眼睛湿润了，只为你的美。

这虽然只是一款广告，但在我眼中却是一件艺术品——因为那三只黑天鹅。摄影作品中的三只黑天鹅依偎在一起，看得出这是一家三口：两只成年黑天鹅用修长高挺的脖颈勾勒出圆滑的爱心，而小天鹅则依靠在母亲的羽翼旁。浩浩水波映照着夕阳，远处的落日是回家的信号；水的那一边一定有他们幸福温馨的家。三只黑天鹅用它们的肢体语言勾勒着一幅足以震撼人间的大画。在喧闹的地铁站台，我被这一片心灵的净土打动，第一次，我发现心灵能捕捉美。

我爱好摄影，但过去的几年中，我主动选择不去拍摄自然，因为我总认为花、树、鸟本身就是大自然的作品，摄影只能将这种美复制。而三只黑天鹅优雅的身姿，还有非洲大陆成群火烈鸟的热情，企鹅在冰天雪地中踏出的温暖……一旦自然与人的心灵相触相融，摄影便不再是复制了。这不禁让我重新思考起美的真正含义。几万年历史长河中的人对美的享受是不变的，只是外界的过多嘈杂遮蔽了属于我们内心真正的感受力，敏锐的心一旦被启发便有无限的力量。拍摄黑天鹅的摄影家正因想到了，发现了，才拍得出人类的共鸣。他不仅用相机拍下了美景，更用眼、心捕捉到每个人内心深处对美的亲近与触发。这幅照片打开了人心之门，将人心从狭窄处引向了更自由、宽广的自然。

多亏我在喧嚣中多看了你一眼，我内心被那幸福的水波照耀，泪水唤醒了我内在的本真。可能是为这久违的相视，我眼中的泪水被美撞破流出。

我要做心灵捕手，将世间的尊贵、幸福和自由向外界传递，打动更多忙碌中的人们。

心海笔姿

这篇文章，从更完美的角度考查，也许还算不上出色。比如，对三只黑天鹅的描写还显得比较粗糙，其实就一篇文章的成败而言，这一段描写至关重要，因为它直接关联着后面关于要做"心灵捕手"的议论。这一部分，如若写得不够深入准确，文章的感染力就不够；文章的感染力不够，泪水的出现就没有那么自然，后面的议论生发就会显得软弱。文章欠佳的地方，我们还可以再修改。但修改文章，绝不仅仅是言辞的改变、技巧的强化，从写作更深入更内在要求而言，修改其实是人心对外物的再一次逼近，再一次理解。许多伟大深邃的事物，我们一次性可能是认识不到、理解不了的。

　　但这依然是一篇好文章。好在，真实！好在，它真实地讲述了"我"的一段心路历程。它是作者与一幅广告摄影作品真实的心灵相遇，写的是作者在与那个作品相遇的瞬间，内心真实的波起与潮涌。人的心灵品质，不是教出来的，它在很大程度上，恰恰是我们一笔笔自我雕塑出来的。这是写作之于人内在而深刻的意义。

　　这样的文章，"流泪"尽管十分重要，但比流泪更重要的是——你。泪水是为"你"而流，如若我们的写作失去了"你"，那么我们的泪水为谁而流呢。没有真实可触的"你"的诞生，我们有关泪水与擦拭的细节与描写，无论多么娴熟与自然，都不可能真正打动人心。而且，仅仅是从得分的角度而言，如若，我们仅仅是在流泪的部分，强化技巧，大家的写作便很容易产生模式化的雷同。缺失了不断拓展深化"你"的作文教学，是危险的。

　　写作撼动人心之处（如果一定要从得分的角度来说，那也是得分的要害之处）恰恰是对那个"你"的不断认知与探求。"你"越是指向学生内心体验的深处，"你"越是丰富独特，文章便越容易独特，文章也便越容易写好。这个"你"恰恰是展示学生这个"人"的关键之所在。写作，最终还是为了成就学生这个——"人"。学生对"你"的认知与理解，可能还很粗糙，还流于一般，这就要求我们要加强师生对话，要不断拓展学生现有的认知视野，要不断加深学生的认知深度。这是写作的核心魅力所在，也是写作的真正乐趣所在；当然，也是写作获取高分的不二法宝。"你"一旦打开，具有真实的认知价值，流泪是自然而然的。即便学生暂时对"流泪"还没有那么多细致、具体的描写技巧，这样的流泪也已经具有充足的撼人力量了。

　　如若我们一次次写作，总是有意无意地将"你"屏蔽，那么，这样的写作便不可能让作者"自我"充分参与到写作之中。这种无我的，仅仅是为了得分的写作，长久下去，不但于"分"无益，而且这种写写而已的作文，还会从人心深处摧折人、压迫人，让人渐渐丧失至为宝贵的独一无二的敏感与灵性，丧失一个人非常重要的内在价值的理解与建构。这样的写作，非常容易造就"空心人"。

写作，无论是对于考试而言，还是对于人的生命品质而言，都是无比重要的。我们越早对此有清晰而明确的认识，我们的写作与生命便越容易拥有丰富的可能性。

林清玄先生说："教育不是考第一名，而是给学生以种子。"我其实追求的是既给种子，也给分数。我和林先生不完全一样。即便是就应试的角度而言，有效突破写作内容，也比提高所谓的描写、细节技法更快捷，也更有效。

作文里的真实，往往铸就了一个"人"的内在真实

笔尖眺望

真实是件奢侈品。还是《呼兰河传》写得好：

有一次一个孩子说那猪肉一定是瘟猪肉，并且是当着母亲的面向邻人说的。

那邻人听了倒并没有坚决的表示什么，可是他的母亲的脸立刻就红了。伸出手去就打了那孩子。

那孩子很固执，仍是说：

"是瘟猪肉吗！是瘟猪肉吗！"

母亲实在难为情起来，就拾起门旁的烧火的叉子，向

着那孩子的肩膀就打了过去。于是孩子一边哭着一边跑回家里去了。[1]

被"烧火的叉子"打了的孩子，在写作的时候也是有的。不过，教育里的"烧火的叉子"往往是看不见的，最多是分数低些，学生自我忧伤一阵，也就完了。所以，若说使用"烧火的叉子"打孩子，而可以不着痕迹，那还得是在教育里去找。

一个学生，开始上学，识字，逐步认识与理解社会与世界。他拿起自己的笔，开始表达自己对世界的判断与想法，这是他真正开始成长的基础。他的见解或许幼稚，但他已然具有写作最核心的要素，那便是真实地展示自己的情感与判断。他的判断，可能狭隘，甚至幼稚，但这正说明他需要长期的人文滋养。他需要阅读，需要教育，需要考察，需要访谈，需要和人交流，需要去逐步认识繁复的世界，需要不断完善纠正自己的判断……但他笔下的这份真实，是他一生文章的基础，也是他人生重要的一个基础。

在现实里，首先，我们不能无视学生的这种真实。其次，我们不能用我们成年人脑子里既有的那些"茧"去要求学生，甚至通过分数，去胁迫学生。这看似是两个问题，其实是一个

---

[1]　萧红．呼兰河传．杭州：浙江文艺出版社，2004：15.

问题。因为，如若，我们这些成年人脑中既有的那些"茧"，既厚又硬，我们自然就会对学生涌动而出的那份真实，茫然无视，甚至反感透顶。

当然，学生的真实首先是有层级的，其次需要保持一个开放的、不断调整的状态。先说有层级。有的真实可能是浮在表面的，比较浅易，一目了然；有些真实的发现，可能会穷尽我们的一生。这就需要不断地去培育我们的真实，帮助我们的真实有更深的穿透力。真实，是不断成长的，因此我们每个人才需要优质的阅读，才需要优质的教育。再有，真实需要保持一个开放的、不断调整的状态。真实，是一个不断逼近的过程。某种层面上的真实，放在一个更大的系统中，辅之以更复杂的条件，更系统性的眼光，这种真实就有可能变得不再真实，甚至变成了谬误。我们师生的真实，需要的是一个不断自我调整、不断努力求索的过程。老师存留了这个态度，才能有效帮助师生的真实健康成长。

有价值的真实，在生活中得来是不易的，有些时候甚至需要付出生命的代价。我们做老师的，要珍视、珍惜学生作文中的真实（学生在力图呈现真实的时候，有时候可能还很幼稚……但这也是好的）。因为，学生作文中的真实，往往是一个人人生真实的基础；一个个活生生的"人"的真实，构成了民族的真实。

下面，我们看学生的一篇作品。

春天，十个海子的他杀

张田田

我只有一盆土，我们怎么种出不同的花。

我不是童话里的杰克，种下一颗果实就能长成参天的豆蔓。我们都是可怜的小花匠，捧着同一个国王的土壤，拼命地寻找着与众不同的种子。

作文不是文学，作文是一道大答题。资深的高考辅导教师让我放弃了整片原野，而守着一个小小的花盆期待奇迹。

那个得高分的学姐，一年里只写她心爱的海子。她无数次地铺开他浸着沉痛忧郁的诗句，她无数次地面对他高贵而悲怆的死亡来寻找感动读者的素材，她无数次地撕开他苍白的胸膛揣测他的思想，把他经过煎熬和凝华的感情提炼成折服考官的材料。

那真是她心爱的海子啊。她写《春天，十个海子的复活》，我却不知道海子在她心中已经死过多少次。眼睁睁、血淋淋，心爱的海子最终把她送进了理想的学校的大门。

就是为了这扇门，我们都已经屈服或即将屈服。我连着两周的中午都跑去图书馆，苏轼、辛弃疾、陈子昂、王勃一个一个地解剖，《初唐四杰》《唐诗二十讲》《乐府诗集》一摞一摞地往回搬。他们长久地待在书架最安静的角落，宠辱不惊地承受着经年的灰尘。如今却被一双双手争先恐后地拨来弄去，服务于那些有着功利目的的心。

曹雪芹呕心沥血十年删改《红楼梦》时，想没想到这部巨著直到如今还在养活着万千学人？郦道元访山探水历经艰辛著成《水经注》时，知道不知道这本书千百年来成就了无数后续者？辛弃疾为相识错而费尽人间铁时，苏东坡醉笑陪公三万场而不诉离伤时，他们都不会知道，后世学子无数次重复他们的诗句，只为了能够高举中第金榜题名。

而海子把他高贵的头颅枕在冰冷的铁轨上时，已经对这个世界完全绝望了吧。他的死亡，成就的却不只是自己的重生。

有一些词语，不能用规定的语言表达。也有一些感情，经不起翻来覆去的倾吐。

还记得那个童话吗，国王寻找聪慧的青年来迎娶公主，让每一个子民种最美的花朵。我捧着自己唯一的一盆土，宁愿种出一颗金黄的美穗。

心海笔姿

当老师们将这篇文章传给我，当看完这篇作文，我对这位学生是很敬重的，她有着敏锐而深入的思考，她对外界没有不闻不问，她有着自己的不屈服与不妥协，她对世界有自己的一份责任。我们不少学生，只要能迅速地获取分数，其余就一概不问了。当然，这不能责怪他们，毕竟还有那么多学生，想得分还不能呢！更多的学生，即便是那些有能力获取高分的，在进入了理想的大学之后，便又匆匆忙忙地开始设立自己下一步的目标了。生活不止，奋斗不息。很少有学生认真地反思自己中学时代的写作过程与整体的教育过程。好也罢，坏也罢，不屑说，不便说，不好说……一切就这样过去了。

在张田田的作文中，我们读到了一个学生特有的敏感与思考，进而读到了她对于文学、对于"人"，发自肺腑的那份尊重。张田田是一位内心敏感、有敬重、有思考、有力量的真正优秀的学生。她用文字发出了自己真实的感触与思考。她指出，为了达到获取作文高分的目的，我们一次次强横粗暴地借用，甚至滥用着作家原本深沉苦痛辗转的情感。这样的获取，这样的利用，我们毫不在乎，理所当然，甚至还自我标榜，处处炫耀。但张田田却从中体味出令人深思、触动人心的部分。张田田说的是我们的作文之弊，这何尝不是我们的教育之弊呢？这样的文章，我们似乎不能轻轻看过，随便给个分数，然后将它埋入卷海之中。张田田说："就是为了这扇门，我们都已经屈服或即将屈服。"——于无声处听惊雷。

如若我们每次都能给学生命制能激发他们有效人文成长的好题目，那又会怎样呢？如若，我们能够在静静的文字里，关注到学生真实的思考与认知，体验与感受……给学生以支持、鼓励、影响，那又会怎样呢？当雪崩发生的时候，每一片雪花都有自己的责任。

举着"烧火的叉子"的母亲在，这样的老师也在，社会人也在……尽管他们似乎都有着母亲般并不坏的心肠，但这一切还远远不够……

我虔诚地希望那些"一边哭着一边跑回家里去了"的孩子，越来越少。

一个民族，连作文里的真实都实现不了，那么当我们的学生一天天长大了，我们怎么保证整个社会的真实呢。

作文里的真实，往往铸就了一个"人"内在的真实。瓦解了一个人作文里真实的那一天，那个学生作为"人"的真实是不是也相应遭到了惨重的瓦解与破坏呢？关于此，我不知道，我只是害怕而已。

"有一些词语，不能用规定的语言表达。也有一些感情，经不起翻来覆去的倾吐。"

"还记得那个童话吗，国王寻找聪慧的青年来迎娶公主，让每一个子民种最美的花朵。我捧着自己唯一的一盆土，宁愿种出一颗金黄的美穗。"

张田田同学如是说。

图书在版编目（CIP）数据

连老师的写作课. 心中还有一支笔 / 连中国著. --

北京：中国人民大学出版社，2024.4

ISBN 978-7-300-32611-5

Ⅰ.①连… Ⅱ.①连… Ⅲ.①作文课－中学－教学参

考资料 Ⅳ.①G634.343

中国国家版本馆 CIP 数据核字（2024）第 051535 号

连老师的写作课

心中还有一支笔

连中国　著

Lian Laoshi de Xiezuoke

出版发行	中国人民大学出版社		
社　　址	北京中关村大街 31 号	**邮政编码**	100080
电　　话	010-62511242（总编室）	010-62511770（质管部）	
	010-82501766（邮购部）	010-62514148（门市部）	
	010-62515195（发行公司）	010-62515275（盗版举报）	
网　　址	http://www.crup.com.cn		
经　　销	新华书店		
印　　刷	涿州市星河印刷有限公司		
开　　本	890 mm×1240 mm　1/32	**版　　次**	2024 年 4 月第 1 版
印　　张	7 插页 2	**印　　次**	2024 年 4 月第 1 次印刷
字　　数	116 000	**定　　价**	69.00 元